怒ることで優位に立ちたがる人

人間関係で消耗しない心理学

加藤諦三

青春新書
INTELLIGENCE

はじめに

不安から自分を防衛するために他人より優位に立とうとする人がいる。

彼らは権力、富、名声などによって人の優位に立っていなければ不安でならない。

基本的不安感に苦しむ人は優越することで安全を確保したい。

怒っている人には、正義感で怒っている人から、不安から怒っている人までいろいろな人がいる。

ただ数から言うと不安から怒っている人が圧倒的に多い。

周囲の世界が敵と思えたら、人はまず何をおいても安全を求める。

それが周囲の世界が味方と思える人との決定的違いである。

周囲の世界が味方と思える人から見れば、不安な人が「なんで、そんなに怒っているのか」「なんで、あんな人に、そこまで怒るのか」理解できない。

最終的に優越するものがなければ、他人に怒るか、他人を軽蔑することでしか心理的安定を得られない。

とにかく優越していなければ不安なのである。不安な人は他人より優越しなければ生きていかれない。

基本的不安感に苦しむ人は、とにかく優越することで安全を確保したい。不安を優越で乗り切ろうとする。

それは会社ばかりではない。家庭でも同じである。不安な親には自分の力を証明したいという願望がある。親としての優越を誇示したい。その目的から子どもをいじめる。

人は不安で自信がないから自分の心を癒すためにパワハラをする。心が安定している人は、パワハラをしない。

孤独に苦しんでいる者は、どちらかといえば、現実に敵対的である。

自己蔑視している人は、すべてにおいてすべての人に優越したいという気持ちがあるから、他人と自分を強迫的に比較する。

自己蔑視している人が自分と他人を「強迫的に比較する」のは、他人に優越して安心したいという劣等感と、人が恵まれているのが許せないという憎しみからである。

不安から他人に優越したいという願望が強くなれば強くなるほど、比較が激しくなり、怒りやすくなる。

怒りの動機は、優越しようとする動機であるから、怒ることで「私は劣っている」という自己像はますます深刻化する。

なぜ優位に立とうとするのか？　優越しないと誰も自分を相手にしてくれないという自己無価値感からであり、皆から尊敬されたいという愛情飢餓感からである。

もう一つ、その人を取り巻く状況が脅威に満ちていると本人が感じているからである。

そこで安心するためには自分が他人より優越している心理的必要性がある。

しかし現実に優越するものはないとする。すると他人を軽蔑する。「あいつは小物だ、迎合して偉くなった、下らない男だ」などと偉い人と見える人を批判する。とにかく人を軽蔑することで自我価値を守る。

劣等感の特徴は周囲の世界が実際以上にすごいものに見えることである。他人は自分より強く見え、そして他人は自分に対して敵意を持っていると感じる。

自分がどんなに強くなっても、心の中で自分は弱いと思っていれば、周囲の世界に脅える。どんなに権力を持っても同じように、周囲の世界に脅える。

人間の最大の問題は不幸ではなく、不安である。不安を避けるために人は不幸にしがみつく。

安易な不安からの逃避、それが他者に対する優越である。

となると、どうなるか。実際には敗者でも、自分は敗者ではなく、勝者であると言い張る。好きな人に振られて、自我価値の防衛から「好きではない」と言うのと同じである。

日常的な見分け方としては、その人が高い自己評価のように見えても短気で怒りっぽければ、その人は不安な人とかナルシシストと考えて間違いない。つまり高い自己評価ではなく、不安な人である。

不安な人は隠された敵意があるから、何かあるとすぐに怒る。

今目の前に起きていることを通して、過去の隠された敵意を表現しているのである。敵意の表現は相手に対して優位な立場に立とうとするためである。

＊　＊

この本ではまず怒りの原因を考える。

怒りは「人に襲われたから怒る」というほど単純なものではない。

怒りの原因を正しく理解しなければ、怒りに対して適切な対応はできない。

第一に神経症的原因である。

人間関係で鬱憤（うっぷん）が溜まるのは、多くの場合、相手に問題があるというよりも、こちらの心の問題によるところがある。

甘えたい相手から無視されたのと、甘えていない相手から無視されたのでは受ける傷の深刻さは違う。

しかし私たちは多くの場合、不満になるときには、相手に対して不満になる。

相手の態度に怒りを持つ。そして相手に暴力をふるったり、逆にすべての感情を抑え込んでうつ病になったりする。


次に「無意識に蓄積された怒り」の問題がある。

ある人の何気ない言葉が、その人の蓄積された憎しみに火をつけてしまう。

だから「ちょっと人がなにか失礼なことをした」というだけで怒りが収まらない。

その場に不釣り合いな怒りを表現するときには、その人の中に怒りの抑圧がある。

私たちはなんであの人はこんなにすぐに怒るのだろうと不思議に思うことがある。

同じようになんで自分はこんなに人に腹が立つのだろうと思ってもよいのだが、たいていは「相手がけしからんから」と解釈する。

しかし他人の怒りを理解することは自分の怒りを理解することにも通じる。

この本では「なぜあの人はこんなにイライラしているのだろう」と考えることを通して、

自分の怒りの原因も考える。

そして怒りは理解の仕方で生産的生き方のエネルギーにもなり得る。

敵意と攻撃性の意識を通して、それを自分の自我システムに統合できるとき、「それは人に活気を与えるエネルギーや精神の源になる[注1]」。

怒りの処理を間違えて生涯を棒に振る人は多い。

自分は愛と正義の怒りだと思っていても、そこに隠された復讐性がある場合もある。

そういう人は愛と正義を唱えながらも人間関係がうまくいかない。

人は意志で動いているのではなく、無意識の必要性に動かされている。

無意識の必要性が人間理解の鍵である。

疲れても休めないという執着性格者がいる。働くことが、怖れているものを意識しないようにブロックの役割を果たしている。したがって働くことをやめることはできない。

イライラすまいと思ってもイライラしてしまう。イライラして怒っていることが、「本当の自分」を意識しないようにブロックの役割を果たしている。

どうやってもイライラしてしまう人は、自分が必死になって隠そうとしている何らかの「真実」がある。怒りっぽさは、本人が気がついていない心の問題があるというメッセージである。

そういう「すぐに怒る人」は心の葛藤に直面できないのである。

つまり怒っていることで、イライラすることで、現実の問題に直面することから自分を守っている。

どうしてそんなに愚かなことをするのかという人がいる。そういう人は分かっていても感情的にどうにもできない。

精神分析に関する数々の名著があるカレン・ホルナイは感情的盲目性ということを言っているが、感情的盲目性は無意識の必要性から生じている。(注2)

一生懸命に努力しながらも事がまずく運んでいる人は、自分の意識的努力に問題があるのではなく、自分の無意識に問題がある。

自分の心の奥底にある怒りとか依存性とか敵意とかが人間関係をつまずかせている。

無意識に敵意があれば、人は相手に対して素直にはなれない。素直さがなければどんなに努力しても人間関係で実りはない。

無意識に深刻な問題を抱えている人は、リストラ、友達とのトラブル、不治の病、失恋等具体的には何もなくても生きるのは苦しい。

そういう人は自分が心の底に隠されている怒りがあり、それに苦しんでいることを意識していない。

そして怒りはうつ病などの心の病ばかりではなく、心臓病など肉体的病の原因にもなる。

怒りの原因として神経症などいろいろとあるが、次に自己蔑視やナルシシズム等がある。ささいなことで、ものすごく怒る人がいる。それだけささいなことで傷ついたということである。

心理的に健康な人からすると「なんでこれだけのことでそんなに怒るのだ」と不思議であるが、復讐的になっている人はそれをどうすることもできない。

傷つきやすさという自己蔑視の心理的特徴は復讐性である。

怒りの原因は、いろいろとある。孤独な人ほど傷つきやすい。恥ずかしがり屋の人は傷つきやすい。傲慢（ごうまん）な人は傷つきやすい。

その他に怒りの原因は依存心などいろいろとあるが、怒りそのものの色もいろいろとある。

能動的な怒りと受け身の怒りなどがある。この本では能動的怒りは触れていない。

不安や恐怖が付随した「怒り」と、プライマリーな怒りとは全く違う。

不安や恐怖が付随した怒りは、一見純粋に怒りに見えるけれども、怒りだけではない。裏には恐怖感、不安感が隠されている。

自分に自信のない上司が部下に何か間違いを指摘された、あるいは部下が自分の指示に従わなかった等々のときに怒鳴る。

それは表面的には怒りに見えるが、怒りだけではない。本質的には恐怖感が内在している。

このように怒りの後ろに見える恐怖感や不安感は、過剰に覚醒された扁桃核の働きであろう。

しかしプライマリーな怒りとは違う。

自分の子どもに危害を加えようとする者に対する母親の怒りとは違う。

恐怖感や、不安感の強い人はむしろ本来の怒りを知らない人である。

怒鳴っている人が怒っているわけではない。

怒鳴ってはいるが、本質的には「怖いよー、助けてー」と言っているのである。

この本では恐怖感や不安感が裏に隠されている怒りを取り上げている。

あえて名前をつければ防衛的怒りである。

最後にこれらの怒りの心理的問題をどう解決するかを考えた。
葛藤の解決には三つ考えられるとカレン・ホルナイは言う。
自己拡大的解決方法と自己消滅的解決方法、さらに同調的解決方法である。
人によって怒りの解決の仕方も違う。
自分に正直になり、生産的なことにエネルギーを注ぐことである。
不満なことは不満。イヤなことは、イヤ。
でも一日、自分のできることをする。

加藤諦三

目次

はじめに　3

第1章

なぜ、理不尽に怒るのか
——すべてを他人のせいにする心の深層

1 その怒りの裏に別のメッセージが隠されている　22
本当の原因は、無意識の中にある　22
すぐ怒るのは傷つきやすい自分を守るため　25
「べき」で考える人は怒りを感じやすい　26

2 すべてを他人のせいにする心理　30
加害者なのに被害者意識　30
「もっと、もっと」と理不尽な要求をする理由　33

善良な人が嫌がらせをされる時代　35
相手を責めることが、なぜ「正義」になる？　38
なんでも他人のせいにする人　42
恋愛で、親子関係で…　45
「あいつが悪い」と責任転嫁する心のしくみ　47
こんなに苦しんでいるのは相手のせい　51
自分の非を認めず他人を攻撃──「抑圧」と「投影」のメカニズム　53
偽りの人間関係　57
「必要最小限のコミュニケーション」でつき合う　58
憎しみの素を理解することが〝脱出〟の出発点　62

3

いつまでも根に持つ理由　64

過去に執着する人は騙される　64
思い通りに事が運ばないとイライラする心理　66
怒りが消えていく「パラダイムシフト」体験　68

4
心の拠り所がないと〝自己中〟になる 73
相手の都合かまわず相談する人 73
「やってくれて当然」という思い込みのつくられ方 76
無意識下に「見捨てられる恐怖」がある 79
やり場のない怒りの矛先を探して 83

5
心の中にあるダイナマイトと導火線 86
爆発したのは、長年蓄積された鬱憤 86
〝禁断症状〟のような心理状態になる理由 89
イヤな相手が頭から離れない心理 92

6
怒りは気づきのチャンス 94
強迫的に成功を求めていないか 94
今あることを「当たり前」と思ってはいけない 96
結婚してから自己中に変わった人は要注意 99
〝しつこい怒り〟は精神的に幼稚な証拠 104

7 執着性格の構造 108
執着を手放せば、怒りは消える 108
「自分でない自分」で生きている 112
8 「自己蔑視」の反動から態度が高慢に 115
ささいな一言で「自分を否定された」と受け取る 115
理想の自分と現実の自分のギャップに傷つく 119
相手への不満は〝願望〟の裏返し 121

第2章

人をけなして優位に立とうとする人の心理構造

——その裏に隠された不安と劣等感

1 「抑圧された感情」が爆発するメカニズム 126
「私は拒否された」という幼児期の記憶 126
脳の扁桃核が過敏に反応する理由 129
その感情は「親への敵意」に由来する 133

あなたの知らない「モラル・ハラスメント」 136
ため込んだ感情を認めることが第一 139
過去の〝心の精算〟が必要 142
無意識の怒りが「悩み」となってあらわれる 146

2 封印されたトラウマ 152

この「屈辱感」が刺激されている 152
心が満身創痍 156
原因は「ありのままの自分」を受け入れられないから 158
育った〝人間環境〟で劣等感が身につく 162
「自分はまわりから攻撃されている」と感じるゆがんだ思考回路 164

3 脳の扁桃核が暴走!? 168

〝心の重し〟は脳を変化させる 168
ストレス・ホルモンが多い人、少ない人 172
〝どうでもいいこと〟に過剰反応する脳 176

第3章

人間関係で人生を消耗しないために
――感情的な相手に振り回されない心の対処法

1 「心の品格」を持つ 182

弱い犬ほどよく吠える 182

「自分を守るためにキレている」と考える 187

「今の怒り」に囚われるのをやめる 188

「かわいそうな人」と思え 190

たった一度の人生、争いに振り回されるのは時間の無駄 193

「質のいい人・悪い人」リストで人間関係を整理しよう 196

メンタルタフネス――強い心は逆境の中でつくられる 199

2 マイナス感情をプラスのエネルギーに変える生き方 203

悔しさをプラスにする人、マイナスにする人 203

マイナス感情をプラスのエネルギーに変える方法 205

自己実現して生きるが勝ち 208

あなたを誤解する人は不幸な人　211
ひどい言葉を問題視しないこと　214
「感情を吐き出す」より「好きなことをコツコツと」　217
人と争わない生き方　219
「怒り」が「ゆるし」に変わるとき　223
マイナス感情に目をそむけないことが幸せの第一歩　224
小さなことの積み重ねが大事　228
幸せになるために　230
「嫌われることを恐れない」で人生うまくいく　231
エピローグ　怒りは、さまざまな心の問題に〝変装〟してあらわれる　234
おわりに　246

本文ＤＴＰ　センターメディア

本書は、二〇一四年に小社より四六判で刊行された『あの人はなぜ、ささいなことで怒りだすのか』を改題し、加筆・修正したものです。

第1章

なぜ、理不尽に怒るのか

——すべてを他人のせいにする心の深層

1

その怒りの裏に別のメッセージが隠されている

本当の原因は、無意識の中にある

あこがれている人がいる。好きな人がいる。だけどその人は期待したように自分のほうを向いてくれない。そこで何か文句をつけたい。絡む。

絡む人は、淋しくて敵意を持っている。

どうでもよいことを取り上げて騒ぐ人がいる。相手を困らせたい。

いつまでもしつこく悪口を言う人がいる。それは、その人に執着があるからである。

いつも怒っている人、急に怒る人、いつも欲求不満な人は、要求が大きすぎるということがあるかもしれない。

そういう人は自分がなぜこんなに欲求不満なのかを考えることである。

そもそも常に欲求不満な人は、神経症なのかもしれない。

いつも不満なのは神経症的要求を持っているからである。

神経症的要求をする人は、それにふさわしい努力をしないでそれを求めるとカレン・ホルナイは言う。

そもそも欲求そのものが社会的に見ておかしいということがある。身勝手な欲求、人の立場を無視した欲求、虫のいい欲求など、そもそも望んでいること自体がおかしいことである。

一万円のものを千円で欲しいと言う。こうした神経症的要求をする人は、それが通らないと欲求不満になる。

現実の自分を自分が受け入れられないから不満になる。

マズローは神経症は欠乏の病だと言う。(注3)

基本的欲求が満たされていないということである。

ここで大切なのは、本人は基本的欲求が満たされていないという自覚がないということである。

愛情欲求や所属への欲求等々基本的欲求が満たされていないという不満は、その人の無意識にある。

重大なのは、自分は基本的欲求が満たされていないという意識が本人にはないということである。

そして結果としての症状ばかりが意識される。つまりすぐに怒りが爆発する、いつもイライラする、人の一言ですぐに不愉快になる、今までの愉快な気持ちが他人のささいな言動で急に怒りに変わる。その怒りがなかなか収まらない。

相手が軽く言った一言で、急に不愉快になる。

しかもその不愉快な気持ちがなかなか消えていかない。

心が弱い人、心がすぐに動揺する人、傷つきやすい人。これらは生きるのに適していない性格である。

このように自分の気持ちが他人の言動に簡単に左右されてしまう。

自分でも嫌になるほど、人の言葉で自分の気持ちが揺れ動いてしまう。気持ちの不安定さをどうすることもできない。自分が自分の気持ちをコントロールできない。

我慢強くない、敏感で、傷つきやすい。

これは要するに元々ある基本的欲求不満が、相手の一言で刺激されたのである。その相手の一言が不愉快や怒りの真の原因なのではなく、相手の一言によって単に導火線に火をつけただけである。

その人が基本的に欲求不満であるということが、そのときの怒りの真の原因である。

逆にひどいことを言われたときには、「自分と関係ない」と自分に言い聞かせる必要があるかもしれない。こちらに対してひどいことを言うことで「相手は自分の心の葛藤を解決しているだけ」なのだから。

すぐ怒るのは傷つきやすい自分を守るため

東京タワーへ行こうと思った。検問に会った。そこで「なんで検問するんだ」と怒って浅草に行く。そのときには検問に怒るほうが心理的には楽である。

その時その時で自分の気持ちの楽なほうに、楽なほうに行く。だから、「どこそこへ行きたい」という本来の目的地からどんどん外れてしまう。

神経症者は自分だけ特別に扱われないと傷ついて怒る。自分は自分の必要性が満たされる資格があると思っている。(注4)

普通の人はここで怒らない。そして本来自分が行きたいところに行く。

賞賛されると思って話したことだが、逆に貶(けな)された。それでも不愉快な気持ちにならなければ、心理的に自立している。しっかりと自分の世界を持っている。

自立しながら人と関われる。人の言動で揺るがない。心が動揺しない。それが健全な人間関係である。

自立を守りながら、自分の考えを持ちながらもつき合える。恐れがない。

しかし神経症的要求を持っている人は、どうしても心理的健康な人に比べて傷つきやすい。

それだけに神経症的要求を持っている人は「どうしたら自分が傷つかないか」が最も大切な生き方になる。

つまり、とにかく自分が傷つかないように振る舞う。そうなると「ここに行きたい」というはじめの目的地からどんどんずれていくしかない。

それが現実から逃げるということでもある。

神経症的傾向の強い人は、その時その時の感情に流されて、自分の本来の人生を見失う。

「べき」で考える人は怒りを感じやすい

自己中心的な人も傷つきやすい。

神経症者は「私の必要性は絶対の優先順位がある」（注5）と考えていると、カレン・ホルナイは言うがその通りである。

こういう考えなら常に傷つくであろう。

他人は自分の必要性を優先順位一位にしないからである。

自分が困っている。相談したい。

すると他人は自分の相談にのる「べき」であるとなる。しかも相手は自分の相談にのるということに絶対の優先順位を置く「べき」だと考えている。

しかも何よりも真剣に相談にのる「べき」だということまで加わる。

さらにもう一つ、無意識に自分の望むような回答をだす「べき」だというのも加わる。

そうなれば他人は、何をおいてもまず自分の相談に、真剣にのらなければならないし、素晴らしい魔法の杖を出さないといけない。魔法の杖を提供しなければ怒りがわいてくる。

そして傷つく。

だから神経症者はいつも傷ついている。

したがって非抑制型の神経症者ならいつも怒っている。

そんなに怒るのなら離れればよいと思うが、離れることはできない。

これが依存症的人間関係である。怒るが離れない。

抑制型の神経症者なら、その怒りを表現できないから、いつも憂鬱になる。

神経症者は「相手から見て自分の優先順位はどこに来るか？」ということが理解できない。

悩んでいるときにカウンセラーの所に行けば自分の優先順位は高くなる。

自分が病気になると、皆は駆けつけるべきだと思ってもそうはならない。

親や子どもや親友なら駆けつけるかもしれないが、本人が「駆けつけるべきだ」と思っている人が駆けつけるとは限らない。

何度も言うように「相手は相談にのるべきである」と思っても、それではすまない。

自分のすべての必要性は「満たされる資格が私にはある」[注6]と感じているのだから、相手はそのような回答をしなければならない。

だいたいこのように自己中心的な神経症者であるから、周囲の人といろいろなトラブルを起こすのは当たり前である。

そのトラブルの解決で他の人に相談する。

トラブルの真の原因は相談者の自己中心性である。

それを解決する方法を聞いてくるのだから、相談者の望む答えが出るはずがない。

すると「そんないい加減な答えを聞くために相談しているのではない」と怒る。

ラジオのテレフォン人生相談のようなところの場合には、「それでも専門家か」と怒る人もいる。

自分が好きになった人は自分を好きになる「べき」である。なぜなら自分にはその資格があるから。

しかし現実の世の中ではそのようにはならない。だから関わった相手を憎む。

これが母性的保護を失った子どもの観察をし、子どもの研究家として名高いボールビーが言うように、幼児は愛着人物はいつも自分のそばにいるべきだと考えるのと同じである。

そうなると関わった相手を憎むが、関わった相手と離れることはできない。

神経症者は関わった相手が「私の必要性を満たす『べき』」なのであって、もともと相手は自分と関わる必要などないのだということを決して認めない。

2 すべてを他人のせいにする心理

加害者なのに被害者意識

人間関係に常に不満な人がいる。親に不満、子どもに不満、友達に不満、夫に不満、不倫相手に不満、恋人に不満、隣人に不満、上司に不満で部下に不満、社会に不満で血縁者に不満等々である。

誰にも彼にも不満な人がいる。

彼らは現実には常に加害者である。しかし時には常識では考えられないが、被害者意識を持つ。現実には他人のものを盗む、殴る、危害を加える等々何でもする。加害者である。

しかしそれにもかかわらず自分が危害を加えているという自覚はない。それどころか「自分は被害者である」と思っている。

「加害者が被害者と思うなんて、そんな馬鹿なことがあるはずがない」と考えるのは心理的に健康な人である。

そういう人達は公平に扱われているのに、不公平に扱われたと思う。

大切に扱われているのに、不当に扱われたと思う。

その人にふさわしい扱いをされているのに、軽く扱われたと思う。

次第に誰ともつき合えなくなる。

こうして栄光と孤立に陥ってくる。

そこが神経症者の恐ろしさと悲劇である。


そういう人達は自分が不幸なのは「皆が悪いからだ」と思い込んでいる。

それは「お前が悪いからオレは幸せになれない」と妻を非難する夫である。

「お前が悪いからオレは会社で出世できない」と妻を非難する夫である。

妻を非難していても解決にはならない。それでも非難しないではいられない。

親に向かって「オレを不幸にした責任を取れ」という息子がいる。

自分が役員になれないのは部下の能力がないからだと思い込んでいるビジネスパーソンもいる。

カレン・ホルナイは、神経症者は「世界は私に奉仕すべきである(注7)」と考えるという。

自分のことを棚に上げて、妻に理想を求める夫である。理想でない妻に不満になる。そして自分は被害者と感じる。

そうなれば相手の奉仕の仕方が悪いということは被害者である。もらっても、もらっても「自分はもっともらってもいい」と思っているのである。

要するに「自分はもっとよい生活をする権利があるし、他人からもっと重要な人物として扱われるべきである」と思い込んでいる。

怒っている人は傷ついている。怒りは「私に注意をして、私はあなたのしていることが気に入らない」という意味である。(注8)

神経症者で怒っている人は、「皆は自分にもっと奉仕すべきである」と思っているのである。

周りの人が親切をしてくれていても不満である。それは「もっと親切にすべきである」と思っているからである。

神経症者から見ると、相手の親切が足りない。したがって親切をした人に腹を立てて暴言を吐く。

そこで親切をした人のほうが加害者になり、親切をしてもらった彼が被害者になる。

したがって神経症者は、自分が加害者であるのに被害者意識を持つ。そして時に被害者である他人を非難罵倒する。被害者を許さない。

まことに信じられないようなことが世俗の中では起きる。

被害者が加害者を許さないのは分かる。しかし攻撃的神経症者の場合には加害者が被害者を許さない。

もちろんまともな人には考えられないことなのであるが、現実には、被害者が加害者から非難罵倒されるということが起きる。現実の世の中ではまともな神経をもった人には信じられないことが現実の世の中では起きる。

それが神経症的傾向の強い人の世界である。

被害者はまともな人であるが、加害者は神経症者である。

「もっと、もっと」と理不尽な要求をする理由

たとえば患者が神経症者だとする。医者が治療をする。常識的レベルで言えば成功した。

しかし神経症者は非現実的なほど高い期待を持っている。彼が期待したように治療が行われない。

すると医者を非難罵倒することが始まる。彼はその非難罵倒が正義に叶っていると思い

込んでいる。

本当は感謝をしていいところが、神経症者の場合にはそれが憎しみになる。被害に遭ったと思いこんでしまう。

先にカレン・ホルナイは、神経症者は「世界は私に奉仕すべきである」と書いた。普通の人は「ほんとかよ？」と思うだろう。

しかし赤ちゃんは皆そうである。皆が自分にサービスをしてほしい。

つまり赤ん坊が「もっと親切をしてほしい」と思っても、おかしくない。

もし赤ん坊が親に対して「なんでもっとしてくれないのだ」ということを言って、怒ってもおかしくはない。

社会的、肉体的に大人になった神経症者が他人に対してそういう要求をするからおかしいのである。

神経症者は、愛を求める対象が特定化されていない。まさに対象無差別である。誰にでも愛を求める。誰もが自分を愛さなければ許さない。

要するに神経症者は親の愛を知らない。親という言葉は知っているが、何かをしてもらって「これが親の愛だ」と実感したことがないのである。

したがって基本的な欲求の満たされていない神経症者が、今まで述べてきたような心理状態であっても不思議ではない。

善良な人が嫌がらせをされる時代

ある善良な人である。狭い道路に面した敷地に住んでいた。隣の土地の家は廃屋である。道路が狭いので工事の車が入らないから、その廃屋のある土地には家が建たない。

そのことは不動産屋さん達の間では知られていた。

ところが、ある人がその問題の土地を買った。不動産屋さんはその問題の土地の隣に住む善良な人に「隣人のために、お宅の家の門と塀を壊さしてくれ」と頼んだ。

その善良な人の家の門と塀を壊せば何とか工事の車が自由に入れるから家が建つ。

そこで善良な人は自分の家の門と塀を壊すことを了承した。あとで修理をしてくれると思った。

そして門と塀を壊して隣に家が新築された。隣の敷地から五〇センチ離れていない。しかし一旦建ってしまえば相手はもう弱い立場ではない。

善良な人のほうはすべてを「隣人のため」と我慢していたのだが、隣人が引っ越してきたら、とんでもない事件が起きた。

移り住んできたとたんに「絶対、お宅の玄関も塀も建てさせない」と言い出した。その家の玄関や塀が修理されて元に戻ると、引っ越してきた自分の家の車の出入りが不自由になるからである。

「いくら何でもそれはひどい」と自分達の費用で玄関と塀を修理する大工さんを呼んだら、その大工さんに罵声を浴びせて大工さんを追い返してしまった。修理の職人さん達がくると、その奥さんは罵声を浴びせ始めた。

結局善良な人は家を壊されて、隣人に罵声を浴びせられてノイローゼになってしまった。

世俗の世界のトラブルの処理は難しい。

たとえばこのトラブルでも、人に相談をすれば「自分の土地の上に何をしようと勝手なのだから、そうすればいいではないか」という解釈になる。

確かにその通りである。弁護士に相談しても同じことを言う。

自分の土地に自分のお金で玄関や塀を作っても悪いことはない。しかし現実には隣の奥さんの罵声や嫌がらせで大工さんは工事を嫌がる。

いくら法律的にも常識的にも許されるといっても、現実の世の中では工事はできない。

もちろん公共的な大工事なら法律的に許されることは妨害があってもできるだろうが、市民生活の小さなことは法律的に常識的にはできても、現実にはできないことが多い。

工事をするときには業者は隣近所に挨拶に行く。ところが業者が挨拶に行くと「絶対に工事をさせない、反対だ」と言う。

すると大手の業者は「お隣がこれではとても工事ができない」と言って工事をしない。いくら公の機関が、「その工事は法律的に許されているから工事をしてもいい」と言っても現実には工事ができない。

では、怒りをこのように攻撃的に処理する人は幸せかといえばそうではない。当然それ以外の社会生活でも問題を起こす。人の恨みを買う。

非抑制型の人で怒りをこのように外に吐き出してしまう人に対して、抑制型の人は、逆に外に吐き出せない人も悩みを抱え込む。

抑制型の人は怒りを表現できなくて無気力になったり、不眠症になったり、心配性が悪化したりする。中にはうつ病にまでなる。先の人のようにノイローゼになる人もいる。(注9)

また抑制型の人の怒りは肉体的に表れて胃潰瘍になったり過食症になったりする。

中には心臓病になるかもしれない。

「心と体は複雑に結びついており、その時その時の両者の相互作用が、健康と病気、生と死に多大な影響を与える。ものの受け止めかた、考えかた、愛情や思いやりから恐怖や怒りに至るさまざまな感情が、血液の化学的性質や心拍数、胃腸から免疫系まで体内のすべての細胞や器官の機能に影響を与える連鎖反応を引き起こすことがある。[注10]」

人は怒りを直接的に表現したり、あるいは間接的に表現する。

いずれにしても怒りの処置を誤ると悩み多き人生になる。

相手を責めることが、なぜ「正義」になる？

ところが神経症者は「私は悩まされるべきではない、困らせられるべきではない[注11]」のだから、自分が悩んだとき、困ったときには、周りの関係者を許せない。

これは非抑制型の人の怒りである。

自分が病気なのは「あいつが悪いから」だと思う人もいる。そもそも自分が病気になるのはおかしいと思っている。

暴飲暴食をしても、自分が病気になればそれは周りの誰かが悪いと思い込む。そう思い込んで周囲の人を非難する。

手術をして失敗したら、そこで「医者が悪い」というのは分かる。しかし神経症者は病気になったのは相手が悪いと思う。

そしてオーストリアの精神科医ベラン・ウルフは、病気そのものが神経症患者の責任逃れだという。

病気とか憂鬱症とかいうことをいつも口にするのは「自分の失敗の責任を社会のせいにするという、よくある誤った代償作用である」(注12)。

とにかく何か望ましくないことがあれば、それは自分の責任ではない。しかしとにかくこの人生では望ましくないことが次々に起きている。

そこで誰か犯人を探し出さなければならない。そしてそのつくり出した「犯人」を非難罵倒することで、自分の責任を逃れようとする。そしてその見つけ出した犯人を許さない。

この人生で困ったこともなく、悩んだこともないなどという人はいない。誰にでも困ったことはある。

会社が倒産をしそうだ。普通の人は「どうしよう」と思う。

しかしそのときに神経症者は経営陣を始め周囲の人を「けしからん」と思い、非難罵倒する。

誰も失業、失恋、病気を望まない。しかし長い人生で人は誰でも望まないことをたくさん体験する。

誰もが「こうあったらいいな」と願う。しかしそれはあくまでも「こうあったらいいな」という願望である。

ところが攻撃的神経症者は、願望ではなく、「こうあるべき」という正義になってしまう。そして「こうでないのはけしからん」となってしまう。

それは人との関係の中で生きていないからである。つまり攻撃的神経症者は誰とも心がふれていない。心理的に誰とも、関わっていない。

失恋をすれば相手を非難する自分は「正義」なのである。自分をこんな目に遭わせた人は「悪」で、自分は「善」である。

すべてが自分の思い通りにいかなければ、周りを許せない。

第三者から見るとそれはわがままであるが、攻撃的神経症者にはそれは「正義」である。だから自分の「正義」を妨害する者に対する非難罵倒が激しくなる。

世俗に生きていれば、こうした非難罵倒で苦しめられることがある。

神経症者は相手を責めることで心の底の怒りを晴らしているだけである。

「オレが幸せになれないのは、皆が悪い」という考え方である。それは、心理的に説明すると「皆が嫌い」ということである。そういう人は、心の底に怒りがある。

その上に神経症者は生きることに関心がない。好きなことがない。

「こんなに楽しいから健康でいよう」ということで健康を願うわけではない。

先に「それは人との関係の中で生きていないからである」と書いたが、もう少し詳しく言えば、相互性の欠如である。神経症者は人と「関わっていない」。

心理的健康な人は、見ることと見られることの相互性の中で生きている。神経症者はその相互性が欠如している。

相互性があるということは相手との関係でものごとを考えるということである。

知人が来たときに「この人はこういうものが好きだから、こういうものを出そう」というのが、人と心が関わっているということである。

神経症者はそうではない。神経症者は「お客さんにはこういうものを出すべきだ」が先に立つ。相手に関心がないからである。

それが、相手と心が「関わっていない」ということである。

他人から見ると、神経症者のすることには違和感がある。

「この人は汗をかいているからおしぼりを持ってこよう」というのがない。

神経症者は人との関わりを持てない。

ただ二人で泥棒をすれば関係を持てる。神経症者は共犯者でないと人との関係が持てない。

誰かと何かの共犯者になると、それで無二の親友と錯覚する。

人と関わりを持つということは、関心を持つことと関心を持たれることの相互性の中で生きているということである。

なんでも他人のせいにする人

また神経症者は「自分のすることには誰も反対すべきではない」[注13]。だから、自分に反対した人は許せない。自分が反対されれば、それだけで自分は被害者になる。

そもそも神経症者の「しようとすること」がとんでもないことなのである。多少極端かもしれないが、先に書いたように、自分の都合で隣の家を破壊して、元に戻させないというような要求である。

あるいは自分が身勝手な要求を通そうとして署名運動を始めれば、署名しない人が出てくる。しかしそれに署名しない人は許せない。

「私は批判されるべきではない」のだから、自分を批判した人は許せない。批判されれば、自分は被害者になる。

そもそも自分の意見がとんでもないことなのであるが、それには気がつかない。

このような感覚を持っていれば、自分が加害者でも被害者のような気持ちになって、現実の被害者を糾弾するということが起きても不思議ではない。

神経症者は自分にとって都合のいいルールは絶対のルールである。誰もが従うべきだと考えている。従わない人を糾弾する。

そして自分に都合の悪いルールは絶対に認めない。ルールそのものを認めない。したがってそのルールには従わない。ルールそのものを正義に反するとして無視する。ルールを無視する自分が正義になる。

事務所が五時に閉まる。その時間に遅れてしまった。そうすれば五時に閉める会社や役所はけしからんとなる。

学生が試験を受けた。本当は六点以下で不合格である。先生が下駄を履かせて合格の最低評価であるDをつけた。

しかし自分は九点で成績評価はAと思っている。Dという成績評価を知った学生は面白くない。

そして先生の所に抗議に行く。

自分の実力が分かっていない学生は、実際以上の点をもらっても、先生に抗議に行く。

自分の実力以上に扱われても、自分は不公平に扱われたと思い込む。

神経症者の要求というのはどういうものであるかということを理解しないと、世の中のトラブルの本質は理解できない。

なぜなら重症の神経症者の割合は少ないかもしれないが、神経症的傾向の強い人はかなりいる。また神経症的傾向の軽い人は結構たくさんいる。

そしてトラブルの一方の当事者が神経症的傾向の人であることは多い。

神経症者にとって、何かトラブルになれば、それは他人の責任である。(注14)

ずーっと晴れた日が続かなければならない。自分が明日どこかに出掛けるなら明日は晴れなければいけない。雨が降ると許せない。

雨があって晴れる日があるから、晴れる日がよい。それが神経症者には分からない。

ただ神経症者は、晴れているのになぜかつらい。

彼らはステーキしか知らない。ところがあるとき病気になる。病気になれば梅干しとお粥が身体にいい。それが分からない。

神経症者はささやかな楽しみを知らない。常に一億円の宝くじに当たらなければ面白くない。

これが神経症的要求である。ただ要求が通ってもなぜか生きるのはつらい。

神経症者はとにかく相手のせいにする。しかし相手のせいにしても問題は解決しない。何か面白くない。

怪我しても相手が悪い。相手を非難しても怪我は治らない。非難罵倒しても幸せになれない。そこで非難罵倒をしつこく繰り返す。

神経症者はいろいろなトラブルを起こす。そして何であれトラブルになれば、それは他人の責任である。

そうなれば加害者である彼らは、被害者意識を持って他人を非難罵倒するということは不思議ではない。

そしてトラブルから受けた被害は回復されるべきであるとなる。(注15)

となると、相手に被害を与えながら、被害者に対して補償を要求するという信じられないことが起きてくる。

自分が相手に損害を与えておきながら、損害をこうむった人に向かって罵声を浴びせる。

しかも神経症者にとっては、それは当然のことなのである。

先の隣の家の塀と玄関を破壊した人の例を考えれば理解できるであろう。

恋愛で、親子関係で…

ベラン・ウルフは神経症の戒律の一つとして「汝(なんじ)は、汝の欠点に対して身代わりになるものを見つけることができるかぎり、汝のいかなる失敗についても責任をとってはならぬ」[注16]と書いている。

このような神経症者と恋愛でもしようものなら大変である。相手には犠牲的献身をしながらも憎まれる。

彼らは相手に犠牲的献身を要求しながらも、相手に不満になる。もっと自分は尽くされるべきであると思い込んでいるからである。

お互いに神経症者であれば、結果は悲劇に終わる。

偉大な恋と酔いしれていた恋人達が、すぐにお互いに憎しみあう関係に変わることがある。そして刃傷沙汰になる。

恋愛ができなければできないでまた責任をとる身代わりを探してくる。たとえば「私は太っているから」という理由を見つけてくる。

恋愛をしてうまくいかなければうまくいかないで、責任を相手に押しつける。恋愛ができなければできないでまた、身代わりを見つけてくる。何がどうあっても「私が悪い」ということにはならない。

恋愛ではなく、親子関係でも同じである。あるとき、母親から包丁で殺されそうになった息子から電話があった。

その人は従順な息子である。親孝行である。しかし神経症者の母親にしてみれば、それでも息子を許せない。

母親が息子に不満なのは、息子に非現実的なほど高い期待をかけているからである。息子はその非現実的な期待をかなえる「べき」なのである。

よく「あんないい子がなぜ殺されるのか？」とか「あんないい親がなぜ殺されるのか？」と言われる。

もし「本当に報道の通りならば」という話であるが、おそらく殺した側が攻撃的神経症者なのであろう。

彼がトラブルの責任を他人や環境や社会など自分の外の世界に押しつけるのは、現実の自分に直面しないためである。現実否認のためである。

被害に対する自分の責任を認めてしまえば、被害という現実に直面しなければならない。そこで被害を受け入れなければならない。

「あいつが悪い」と責任転嫁する心のしくみ

自分の給料では無理な高級車を買う。支払いができなくなる。悪いのは自分ではない。車を売ったディーラーであり、その車を買うことを勧めた人である。

結婚していれば、妻に「こういう生活をするようにしたお前が悪い」となる。「もし俺が他の女と結婚していればもっと高級な車を買って、もっといい生活ができている」となる。

また会社はもっと高給を払うべきである。あるいはそもそもこの世の中が悪い。

いずれにしても悪いのは自分ではない。

高級車では心の葛藤は解決しない。「自分がイライラしているのは自分の心の葛藤が原因である」と、どうしても認めることができない。

もし「車を買えないのは自分が悪い」と認めてしまえば、それを買えない自分の無能力を認めなければならない。神経症者にとっては、その車を買う能力も権利も自分にはあると思い込んでいる。

ブドウをとれなくて「あのブドウは酸っぱい」と言ったイソップ物語のキツネはまだいい。とれないということを単に合理化しただけである。

神経症者は「自分があのブドウをとれないのは、あいつが悪いからだ」となる。そして「あいつ」を責める。「あいつ」に怒る。

神経症者は、怒りの出し方が分からない。

神経症者は常に自分が痛手を負う。そこで相手を責めるしか、怒りの出し方が分からない。

彼は、「ブドウをとれない自分」という現実に直面するくらいなら死んだほうがいいのである。そこで「周りが悪いから、自分はあのブドウがとれないのだ」となる。

「こういうことができたらなー」とは誰でも思う。車好きなら誰でも「こんな車を運転できたらなー」と思うだろう。しかし現実の自分を分かっている。だからその車を買わない。

しかし神経症者はここで「この車を自分が運転できないのはおかしい」と思い込む。そこで誰かが悪くなければならなくなる。

そこで「こんな女と結婚しなければ、あの車を買えた」と思うかもしれない。

その時その時の状況で、何をどう思うかは分からないが、とにかく誰かを罵らなければならなくなる。

神経症者は、小さい頃から甘える相手がいなかった。そこで甘えの欲求が満たされていない。

その欲求不満を素直に表現すればいいものを、正義を持ち出して欲求不満を晴らそうとするから、周囲の人との関係がおかしくなる。

心理的に健康な人は、小さい頃から心の避難場所があった。本当のことを言える人がいた。誰か頼れる人がいた。

しかし神経症者は、自分自身を含めて誰にも本当のことが言えない。心の避難場所がない。

だから、憎しみを正義で晴らしている。

本音で「このことを僕にやってくれないの？」と言えない。心の底にある自分の利己主義を言えないから正義を持ち出す。

赤ちゃんは好かれる。自分の感じていることをそのまま言うから可愛い。

神経症者は、赤ちゃんのように「アメちょうだい、アメちょうだい」と言えない。

悪魔の叫びを言えない。サタンを隠して、正義を主張している。

実は神経症者は心の中にある本当の汚いものを出したら、好きなものが分かる。

神経症者は汚いものを自分の心の中に持ちながらも、どうしてもそれを認められないし、またそれを出せない。

そこで欲求不満から正義を持ち出して騒ぐ。しかしどんなに騒いでも問題は解決しない。

神経症者が起こす騒ぎは解決に結びつかない。無益な言動を続けるのが神経症者である。

ベラン・ウルフは神経症者の基本的な特徴として「無益」ということを書いて、次のような例を挙げている。

ある婦人は息をうんと飲み込んで、自分の腹部を膨らまして、夫と三人の婦人科医に妊娠していると思い込ませた。

こんなことをしても何にもならない。しかし神経症になるとこのように無益なことをする。

自分を偉く見せても何にもならない。でも自分を偉く見せたがるのが神経症者である。

こんなに苦しんでいるのは相手のせい

ハーヴァード大学の心理学のエレン・ランガー教授が離婚をしていつまでも苦しんでいる人と、そうでない人の違いを調査した。

するといつまでも苦しんでいる人は離婚原因をすべて相手に帰している人であった。

これは離婚そのものに苦しんでいるという面と、本人が神経症者であるが故(ゆえ)に、生きていることそのことに苦しんでいる面とあるだろう。

失業も失恋も病気も、それにどれくらい苦しむかは人によって違う。それはその人の神経症の程度が違うからである。

神経症的傾向の強い人ほど苦しむ。それは自分に「あってはならないこと」があったからである。また同時に彼は失業も失恋も病気など特別に何事もなくても苦しむ。

それはもともと生きるベースが苦しいのである。その苦しいというベースの上に離婚の苦しみが加わった。だからいつまでも離婚に苦しんでいるのだろう。

神経症者は自分にとって重要なことすべてに権利があると思っている。[注17]

神経症者が「私には権利がある」ということはたいてい単なる自己中心性である。

他人の敷地内を通るときにも「私はここを通る権利がある」と思っている。自分が通る必要があれば、そこは通る権利のある場所になってしまう。

普通の世の中では「そんなことはない」と思うかもしれない。確かに他人の敷地を通る権利があるというところまで来ればかなり重症の神経症者である。

しかし世の中には神経症者と心理的健康な人の二種類の人がいるわけではない。また神経症者にも軽症から重症までいる。

それは連続している。一方の極にきわめて心理的に健康な人、他方の極に重症の神経症者。ほとんどの人はその間のどこかにいる。

さらに神経症者にも迎合タイプと攻撃タイプがいる。この節で書いてきたのは主に非抑制型の攻撃タイプである。

そこで心理的健康な人を中心にして右に攻撃的神経症者、左に迎合的神経症者と考えたほうがより正確かもしれない。今、ここでは主として攻撃的神経症者について書いている。

カレン・ホルナイにしたがって述べたこの神経症者についても重症から軽症までいる。そこで、「ここまでひどい人は知らないけど、あの人にはこの傾向があるよ」という程度の人は案外周りにいるのではないだろうか。

よく「オレのものはオレのもの、人のものはオレのもの」という言葉を聞く。こういう人が現実にいるから世の中でこういうことがいわれるのである。これが攻撃的神経症者である。

「オレのものは人のもの、人のものは人のもの」というのが迎合的神経症である。

ただある人は百パーセント迎合的神経症で、別の人は百パーセント攻撃的神経症というのでもない。

同じ人がある場所では迎合的神経症になり、別のところでは攻撃的神経症となる。

自分の非を認めず他人を攻撃――「抑圧」と「投影」のメカニズム

私は、ニューヨークで活躍している精神科医でありアメリカの著名な心理学者であるジョージ・ウエインバーグの『プライアント・アニマル』という本を訳したが、その中にある男性が出てくる。

その男性は弱く見られることを恐れ、どんな無能力も、また失敗の兆候も抑圧した。自分が過ちを犯したと思った瞬間に他人を責める。

こうなったら周囲の人はたまらない。過ちを犯しているのは自分のほうである。自分が「しまった、間違った」と思ったら、途端にその感情を抑圧して、他人を非難罵倒し始める。

たとえば仕事で、不利益なことに判子を押してしまった。そこで「しまった、間違った。契約をしてはいけなかった」と思う。

その瞬間、その感情を抑圧する。間違ったということを認めない。

するとどうしても誰かを非難罵倒しなければならなくなる。自分のした間違いの責任を誰かにとってもらわなければならない。誰かに責任転嫁しなければならない。

車の運転を間違えた。事故を起こしてしまった。しかし「運転を間違えた」ことを認めない。

そこで大声で相手を非難罵倒することが始まる。

自分が間違ったという現実を否認すれば、誰かを非難罵倒しなければならない。その非難罵倒は普通の非難罵倒よりも激しい。

それは「私は間違ったことをした」という感情が変装して活動しているからである。

そして「これを何年も繰り返す。このことで過ちを犯すことは耐えがたいと感じるよう

になる。過ちを犯すことへの恐れを強化する。すぐに他人の欠点を見つけるような人間になる。(注18)

この世の中には、職場にしろ、地域社会にしろ、どこにも「目がつり上がっちゃって、どうしようもないよ」と言われる人がいる。何を言ってもきかない人がいる。説得が無理な人である。

とにかく偏見に凝り固まった人は、現実を認めない。そしてすぐに人を非難する。

そして「すぐに他人の欠点を見つけるような人間になる」ばかりでなく、それに対して激しい非難罵倒を繰り返す。これがもっともひどい攻撃的神経症タイプである。

それは欲求不満と抑圧が合体したような人である。元々が非抑制型の人で欲求不満な人である。攻撃的である。その上に今感じた感情を認めない。

つまり「私は間違ったことをした」という感情を無意識に追いやる。その無意識に追いやった感情を相手に投影する。

抑圧から投影という心理現象が加わると凄(すさ)まじい。

こうした攻撃の二重合唱のような人が現実に世の中には結構いる。

投影とは自分の中の認めがたい抑圧した感情が、ある外的な対象に所属すると見なすことである。

自分がケチなのにケチと認められないで、相手をケチと非難している人は多い。それが投影である。

抑圧からくる心の葛藤を解決する手段が人への非難である。相手を非難することで自分の心の葛藤を解決しようとしている。

ヒステリックに人を非難している人は、自分はもっとよく扱われる権利があると思い込んでいる人である。(注19)

人は相手の無意識に反応するとオーストリアの精神科医ベラン・ウルフは言う。

欲求不満の塊で、無意識の領域に憎しみが渦巻いている人に、人は好意を寄せない。

憎しみが正義の仮面をかぶって登場しても、人はその「正義」に同調しない。「正義」を唱える神経症者にはそれが面白くない。

そこでさらに苛立つ。

どうしても他人に責任転嫁できないときには神とか運命に責任を押しつける。

ベラン・ウルフは「神経症患者は一人のこらず運命論者なのである」(注20)と述べている。

そしてさらに大人と子どもの真の相違点は「すすんで社会的責任をとるということ」(注21)であると述べている。

神経症者は大人になれない子どもで、自分のしたことの責任を逃れようと喚いている。

偽りの人間関係

神経症者の中には、人を非難罵倒するのではなく、逆に愛のラッパを吹く人もいる。

本当は出世をしたい。社会的成功を求めている。しかし求めるほど社会的に成功できそうにない。

すると「成功なんてくだらない」と言い出す。社会的成功への欲求を無意識の領域に追いやる。つまり抑圧する。そして自分には社会的成功への欲求はないと言い張る。

「家族が一番」と言い出す。「家族の愛こそ生きている意味」と主張する。

ベラン・ウルフの言葉を使えば、「家族一点張りの、息詰まるような片寄った愛の雰囲気のなかで」[注22]子どもはノイローゼになる。

理由もなく非難罵倒する人から、家族愛のラッパを吹く人まで、現実を認めない人が集まって集団を作ることがある。

その典型的な例がカルト集団である。現実を認めない人同士が結婚することもある。

この人達が集団を作ることは、それぞれの人が自分に気がつくことの妨害となる。

深刻な劣等感を絆として結ばれた関係というのもある。

そうすると自分には友達がいると思ってしまう。その集団が自分に気づかせることの妨げとなる。

どの人との関係もうまくいかないとなれば、さしあたり「私には私が知らない自分の感情が無意識にかなりある」と認めることである。

周りの人がそうアドヴァイスすることもできる。

しかしカルト集団的な関係の中で生きていれば、本人は、「自分は人間関係がうまくいっている」と思い込む。孤立していないと思い込む。それがカルト集団的な関係の恐ろしさである。

「必要最小限のコミュニケーション」でつき合う

神経症者とのつき合いをどうするか？

この世の中には軽症から重症までたくさんの神経症者がいる。神経症者と接したくないと言っても、接しないで生きていくわけにはいかない。

夏には蚊が出る。夏の林を歩けば蚊に刺される。

ではどうするか？

神経症者はあなたがどういう人間であるかということには関心がない。神経症者は自分の心の葛藤にとらわれている。相手はあなたと話していてもあなたを見ていない。

神経症者である相手は、あなたが自分をほめてくれるか、賛成してくれるか、チヤホヤしてくれるかにしか関心がない。

あなたが自分自身のことが分かっていても、相手があなたのことを分かっていない。

もし自己実現して自我の確立している人なら、その神経症的人間関係のことは分かっている。

自我の確立している人は相手を理解する。

だから「今、相手は私のことをまったく分かっていないな」と感じ取る。

そこでその人間関係を必要最小限の関係にとどめておこうとする。いや必要最小限の関係にとどめておかざるを得ない。

つまり相手の言うことを聞き流す。

相手が神経症者のときには、話を聞き流す。

こちらが神経症者の人に話していても、電信柱に向かって話しているようなものである。

神経症者の人はこちらの言うことを聞いていても、聞いていないから。こちらの言うことの内容に対しては聞く耳を持たないから。

自分は自分であったとしても、相手がどういう人であるかによってその関係は、その時々で変わってくる。

相手との関係で、今自分はどのような心の窓を開けばいいのかということを考えるのは、人間関係をスムーズに維持するためには大切である。

自己実現していない人が「今、相手は私のことをまったく分かっていないいな」と感じ取る。するとその相手に怒る。こちらも神経症的傾向が強いと、大トラブルになる。

お互いに相手に関心がない。お互いに相手が好きではないし、お互いに相手とコミュニケーションできない。

人間関係で刃傷沙汰のような大トラブルがいつも起きているときにはお互いに神経症であることが多い。

お互いに相手も自分もまったく分かっていない。自分がトラだかネコだか分からず、相手がヘビだかモグラだかも分かっていない。お互いに自分の心の葛藤に気を奪われている。

そうなれば刃傷沙汰のような大トラブルが起きて当たり前である。

自己実現している人は「この関係はそういう関係」として相手との関係をとどめておく。

自己実現している人は、心理的に病んだ人々を研究するのではなく、心理的に健康な人を研究するほうに努力したマズローの言うごとく、現実をあるがままに受け止める。

その今の関係を、夏が暑くて冬が寒いように受け入れる。

こちらがオーバーコートを着たり、薄着になったりして外側に適応するより仕方ない。

自己実現している人は、コミュニケーションできない人が目の前に現れたとしても、それに怒りを感じて心理的にパニックにならない。あるがままにその現実を受け入れる。

うまくコミュニケーションできるかできないかはこちらの問題だけではなく、相手のコミュニケーション能力の問題でもある。

コミュニケーション能力がない人とうまく接することができる人は、まず相手はコミュニケーション能力がないということを理解する人である。

神経症的傾向の強い人は、目の前にいる人が、自分のことを理解しないと不愉快になる。そして傷つく、怒る。

人間関係でいつも傷ついてトラブルを起こしている人は、まだ膨大な無意識の領域がある。

神経症者の相手にこれを気づかせるのは並大抵のことではない。

周囲の人すべてとうまくいっているというのも問題だが、逆にすべての人と反目しているというのも問題である。

七割から八割の人との関係がうまくいっているというのが、正常な人であろう。

というのは世の中には重症の神経症者を始め心理的におかしな人がたくさんいる。その人達ともうまくいっているとすればそれはおかしなことだからである。

憎しみの素を理解することが〝脱出〟の出発点

神経症者のエネルギーは乾いたエネルギーである。憎しみのエネルギーである。

神経症者には立ち上がるエネルギーがない。

神経症を回復するためには、悔しさの根源を突きとめることである。

友人の神経症を治してあげたいと思えば、その人の悔しさの根源を調べてあげることである。

たとえば小さい頃にふられたことが劣等感と結びつく、孤独と結びつく。その後いろいろな事件が様々な感情と結合する。

憎しみがあると、そこで心理的成長は止まってしまう。そのスタートラインを教えてあげることである。

誰かが憎しみを理解してくれれば憎しみの感情は消える方向に向かう。

生きる道筋をつけてあげることである。神経症者には道案内がいる。

自分を向上させる道を示す。

憎しみのエネルギーで向上する方法を教える。

この一年、本を読む。仕返しする方法を考える。

いきなり「仕返しをしてはいけない」などと立派なことを言っても意味がない。

そして二年目にはこうする、三年目にはこうすると教えてあげる。

私は半世紀近くラジオのテレフォン人生相談をしているが、悩みを解決するのに良識は何の役にも立たないとつくづく教えられる。

良識に囚われないで、その人にとって無理のない道筋をつけることである。とにかく労働をさせればいい。

そうすれば顔が違ってくる。その違った顔で向上心のある集団に属することができる。

今までとは違った人とのつき合いが始まる。

すると昔の恋人が愚かに見えてくる。

劣等感と憎しみは人間環境が変われば、癒される方向に向かう。昔の関係はおぞましくなる。

自分が神経症であると思えば、自分で生きる道筋を考えてみることである。

3

いつまでも根に持つ理由

過去に執着する人は騙される

過去に執着するのは神経症的要求の強い人である。

自分にとって望ましくないことが起きてしまった、しかし「そのことが起きた」ということがどうしても受け入れられない。

それはやはり次のように考えているからである。「こうあるべきではない、違ってあるべきだ」

"It ought to be different."というのが神経症者の考え方であるとカレン・ホルナイは言うが、このように考えていれば、どうしても、そのようなことが起きたときには怒りがわく。そのことを許せない。

安全な上に利益率も高いなどという投資は世の中にはない。危険が伴うが、成功すれば利益率は高いというのが現実の世の中である。

そのように思っている人は失敗して損をしてもその損害にいつまでもこだわっていない。そのような損害も世の中にはあると思うからである。

しかし自分がした投資は「安全でしかも高利益率の投資であるべきだ」と考えている神経症の人が損をしたときには、いつまでもその損害にこだわる。

それは「あってはならないこと」なのに、実際には「あった」からである。自分にとって損害はあってはならないことなのである。

自分にとって重要なことはすべて実現されるべきであると神経症者は考える。(注23)

まことにカレン・ホルナイが述べているように、すべて自分にとって都合よくなるのが当たり前と信じているのは神経症なのである。

そう思っているから詐欺師まがいの話に騙される。神経症者でなくても困っているときには誰でも騙される。

この原稿を書いているときに、投資顧問会社の話が新聞を賑わせている。年金の運用をするプロが騙されるのである。

それはお金の運用がうまくいっていないから、ついうまい話に騙される。したがって神経症者と書いていても、神経症者だけがそうだというのではない。困れば皆同じようなものである。

思い通りに事が運ばないとイライラする心理

すべて都合よく事が運ばなければそれは不当なことだと感じていれば、何も決められない。すべて自分に都合よく事が運ぶべきだと感じているなら、いつも怒りがわく。

そうなれば、たとえば時間の無駄は許せなくなる。何か自分が予定を立てようとするときには最も効率的に事が運ばないと不愉快になる。

仕事の予定には相手がある。相手のあることだからこちらの思ったようにはいかない。その相手のあるときでもすべて時間の無駄なく、事が運ぶべきだというのが神経症者である。

しかし現実には何をしても時間の無駄は出てきてしまうであろう。時間の無駄が出るたびにイライラしていたのでは何もできない。

この時間ぐっすりと熟睡して、その後気分快調になってこの仕事に集中するなどと計画を立ててもそんなに自分の体は自分に都合よく動かない。

しかしすべてが自分に都合よく思い通りにいくのが当然であり、自分にはその資格があると思い込んでいれば、そのように事が進まなければイライラするであろう。

自分にも他人にも非現実的な要求をしていれば、怒りで身体は不安定な緊張をする。食事もおいしくない。時には吐き気に苦しめられる。不眠症になることも当たり前である。

自分の思い通りに事が運ばれないとき、嘆き悲しんでいたのでは人生は消耗するだけである。仕事の能率が上がって、「さあ、やるぞ」と意気込んだら、病気になったということもあるだろう。

やっと苦労して約束をとりつけ人に会うことになったら、転んで怪我をするということもある。

神経症者でも、中には軽症で頭では分かっている人もいるだろう。しかし気持ちは頭で分かっていることに従わない。

分かっていても怒りは収まらない。これは感情的盲目性というものである。

その感情的盲目性は無意識の必要性の結果であるとカレン・ホルナイは言うが、その通りである。(注24)

頭では「おかしい」と分かっても自分の怒りが収まらない場合がある。そういう場合には、自分の無意識に何があるのだろうかと探ってみることである。

悩んでもしょうがないことを、いつまでも「ああでもない、こうでもない」と悩んでいる人がいる。

生命力が落ちている人に「ささいなことでクヨクヨ心配するな」と言っても無理。うつ病のように生命力が衰退して心が病んでいる人に、「小さなことに悩むな」と言ってもクヨクヨ悩む。その人の無意識に何か悩む必要がある。

怒りが消えていく「パラダイムシフト」体験

アメリカの『たいへん効果的な人々の7つの習慣』(注25)という本に著者の次のような体験が紹介されていた。

あるときに日曜の午前中に地下鉄に乗っていた。それまでは乗客はそれぞれ静かに座っていた。

そこに親子が乗ってきた。子どもは騒ぎ回っている。皆は苛立つ。著者も苛立ち、ついにもうすこし子どもを静かにさせるようにその父親に言う。

するとその父親が謝りながら、今病院で母親が死に、どう考えていいか分からないところだという。

それを聞いて著者はその子どもの騒ぎに苛立たなくなった。

これをパラダイム・シフトという。

パラダイム・シフトとは見方を変えることであり、多面的な視点で世界を見ることである。

しかしこの著者の怒りが収まったのは、子どもの立場に立ってものを考えられたからである。

もしこの著者が神経症的傾向の強い人ならどうなるか。相手の立場に立ってものを考えられなかったら、怒りは収まらない。

つまり、もしこの著者が自己執着の強い神経症的傾向の強い人なら怒りが収まらない。

怒りの原因は騒いでいる子どもでもあるが、同時に自分の自己執着的性格である。

またこの著者が子どもを嫌いなら怒りはなかなか収まらない。しかし子どもを好きなら「どうしたのだろう、可哀想に」と思う。怒りはない。

また地下鉄の中では静かに座っているべきだと思っていたら怒りは大きい。

先に述べた"It ought to be different."「こうあるべきではない、違ってあるべきだ」という神経症者であったら怒りは収まらない。

神経症者のように、気に入らないことを「当然こうあるべきでない」と思っていれば、不満は高くなる。

ノイローゼ患者の不満とストレスの根底には神経症的要求がある。


このパラダイム・シフトができるかできないかは怒りと深く関係している。パラダイム・シフトができないのが神経症的傾向の強い人なのである。

人間関係で、相手の態度が頭に来たときにパラダイム・シフトができる人とできない人がいる。

「なんで、あいつは……」と腹を立てたときに、パラダイム・シフトができて「なるほど、そういう見方もあるのか」と相手の考え方や態度を理解できれば怒りは違ってくる。

「どうしてもオレには、あいつのやることは納得できない、こんなバカな話があるか！」と不満になって、怒りを爆発させる前にパラダイム・シフトができる人がいる。

その視点を受け入れるか受け入れないかは別である。そういう視点もあるのかということを理解することである。

同じ視点を持っていると思うから怒りが込み上げてくる。怒りで眠れぬ夜を迎える前にパラダイム・シフトをする人もいる。

同じ状況が人によって違って見えている。ある人は「今、何とかしなければもう我々はダメだ、早く動かなければ」と焦っている。しかしそれと違った視点の人には、同じ状況が危機とは映っていないかもしれない。そしてもし同じように危機と映っている場合でも、人によってその反応は違う。

神経症的傾向の強い人の特徴の一つは視点の少なさである。視野の狭さと言ってもいい。「あいつの独善にはもうついていかれない！」と怒りが込み上げてくる。お互いに見ている現実が違う。

視野の広い人は「ちょっと待てよ、あいつとオレとは視点が違う」といったんは自分に言い聞かせることができる。相手の視点を正しく理解すれば怒りは多少は消える。消えるばかりではなく、事がうまく運ぶこともある。

視点の違う人に「そんなことは、理屈にあわない！」と怒るのは消耗するだけである。どう考えても自分の言うことは正しい。しかし皆から受け入れられない。長い人生にはそんなときもあろう。「なんでなんだ、どうしてこんなことが通らないんだ、この会社はおかしい！」と叫びたくなるときもある。

そしてなぜ自分の言うことが通らないのかを理解しようとしてみることである。

視野を広げれば、相手と自分と大切にしているものが違うと分かってくるときもある。相手と自分とでは傷つくことが違うと分かってくるときもある。

「あれだけ言っているのに……どうして分からないの！」と怒る人がいる。日本のように高齢化社会になると、注意を聞かない頑固な年寄りが増えて、世話をする人達が悲鳴を上げる。

「これだけ何回も同じことを言っているのに、どうして」と嘆く。

たしかに好意的忠告に耳を貸さない人がいる。一度決めるとなかなか他人の言うことを聞かない人がいる。なかなか自分の考え方を変えない。思い込みが激しい人である。

そういうときには、そういう人間としてつき合っていくしかない。そういう人間ならつき合えないというのなら、つき合わないより仕方ない。

それが視野を広げることである。神経症的傾向の強い人にはこれができない。「こうあるべきでない」となってしまう。

「ああでもない、こうでもない」と考えていて、いつまでも根が生えたようにして動かない人がいる。そこで怒りを爆発させる。あるいは怒りを抑えてイライラする。

そうしたときに、「この世の中には自分と違ったタイプの人がいる」、そう考えてそれはそれとして受け入れる。それが視野を広げることである。

4 心の拠り所がないと〝自己中〟になる

相手の都合かまわず相談する人

神経症的傾向の強い人には様々な怒りがある。その理由は基本的欲求などのような様々な要求が満たされていないからである。

基本的不安感のある人はそもそも帰る「心の家」がない。どんなに貧しくても帰る場所がある人と、帰る場所そのものがない人の違いは大きい。

それが心の拠り所のある人と、心の拠り所のない人の違いである。

心の拠り所があれば、頭にきた相手に「いいさ、あんなやつ」と思える。

しかし神経症者にはその心の拠り所がない。生活する「心の家」がない。

先に述べたごとく神経症的要求を持つものは被害者意識を持ちやすい。

カレン・ホルナイは神経症的要求の特徴の中で、世界が自分に奉仕することを当然と考えるというのをあげている。

「世界が自分に奉仕することが当然」と言えば、たいていの人は、私はそうではないと答える。

しかし、悩んでいろいろなところに電話をかけてくる人はほとんど世界が自分に奉仕することを当然と考えている。だから人間関係がうまくいかないのである。

一般に、悩んで相談してくる人は、相手が自分を知らなくても、相手は自分の悩みの相談に応じる「べき」だと思い込んでいる。

というよりも知っているか知っていないかは問題ではない。自分の相談なのだから世界の誰であろうと相談にのるべきなのである。

見知らぬ人が大学の研究室に電話してくる。次のような会話になる。「相談したいんですけど」。

大学では会社と違って直接会議しているところとか、打ち合わせをしているところとか、研究中のところに電話がつながってしまう。

そこで電話を受けるときに会議中とか来客中とかのことが多い。すると「いつ会議は終わりますか?」と言う。

会議が終わってもそれぞれ仕事がある。それを考える人はない。そこで怒り出す。

こういう考えなら常に傷つくであろう。

他人は自分の必要性を優先順位一位にしないからである。

自分が困っている。相談したい。

すると他人は自分の相談にのるべきである、となる。しかも相手は自分の相談にのるということに絶対の優先順位を置くべきだと考えている。

しかも何よりも真剣に相談にのるべきだということまで加わる。

さらにもう一つ、自分の望むような回答を出すべきだというのも加わる。

そうなれば他人は、何をおいてもまず自分の相談に、真剣にのらなければならないし、素晴らしい魔法の杖を出さないといけない。そういう人はいないからいつも傷つく。

だから神経症者はいつも傷ついている。

したがって非抑制型の神経症者ならいつも怒っている。

神経症者は「相手から見て自分の優先順位はどこに来るか?」ということが理解できない。

悩んでいるときにカウンセラーの所に行けば自分の優先順位は高くなる．
自分が病気になると、皆は駆けつけるべきだと思っても現実はそうはならない。
親や子どもや親友なら駆けつけるかもしれないが、本人が「駆けつけるべきだ」と思っている人が駆けつけるとは限らない。

「やってくれて当然」という思い込みのつくられ方

「悩んでいる人は皆自己中心的である」と言われるように、自分のこと以外は考えられない。

人が死にそうに重大な危機に直面しているときでも、自分のかすり傷のほうが重大で、皆が自分のかすり傷を大騒ぎしないと不満になり、怒る。

皆が、死にそうな危機に直面している人をほったらかしにしても、自分のかすり傷に注目しなければ「けしからん」と怒る。そのために皆が時間を割かなければ「けしからん」と思う。

「今、忙しい」と言えば「いつならいいですか？」と言う。相手が自分のために大切な時間を奉仕するのは当たり前と考えている。

ある心理学の本の著者である。子どもが急病になって大騒ぎで病院に連れていこうとしているときに電話がかかってきた。

見知らぬ人が「相談したいんですけど」と言う。

そこで「すいませんがいま、こちらも緊急の騒ぎなので」と言うと、怒り心頭に発して「ふざけるな！　オレのほうも緊急なのだ」と怒鳴ったという。

これを聞くとおそらく大抵の人はひどい人だと思うかもしれない。しかし私の知るかぎり悩んでいる人は皆これと同じである。

ラジオのテレフォン人生相談のラジオ局にも電話がかかってくる。もちろんラジオ局のそのときの解答では気がすまない。

自分にだけ直接に解答者の先生が長時間にわたって時間を割くのが当たり前と信じて疑わない。

見知らぬ人に「悩みがあって、相談したいんですけど」と言う人はまず皆これと同じである。

見知らぬ人に相談するというのが問題なのである。普通は自分の友達とか、先輩とか、先生とか、親戚の伯父さんとか、いずれにしても自分と関係のある人に相談する。

あるいはラジオの人生相談でもいい。あるいは公的な相談機関でもいい。しかしそういう人は決してそのようなところに相談しない。

なぜならまず見知らぬ人に相談する人は友達がいない。周囲の人が皆その人の自己中心性に呆れ果てて逃げ出してしまっているのである。

今悩んでいる人は一度真剣に次のことを反省してみることである。

「他人は自分に奉仕するために存在しているのだろうか？」

この問いを真剣に自分にしてみれば自分の生き方がどこかおかしいと気がつくのではなかろうか。

世界は私に奉仕すべきであると世界を認識していれば、不満の塊になるのは当たり前である。

神経症者のように「当然こうあるべき」だと思っていれば、不満は高くなる。

神経症者がもし「私も相手に何かを求めるばかりではなく、逆に相手のために何かしてもいいのだ」という一点に気がつけば、ほとんどの神経症は大分よくなるのではなかろうか。

しかし私の知るかぎり、なかなかこの点を理解しない。とにかく相手から「奪う」ことばかり考えている。相手との接点は常に相手に対する要求である。

だから、なにをしてくれない、かにをしてくれないと不満ばかりが出てくる。聞いているとどうして相手に要求ばかりしていて、それに気がつかないのだろうと思うのだが、神経症者は気がつかない。

どこまでいっても「あの人は私にこうしてくれなかった」ということばかりなのである。先に書いたように、「私も相手に何かを求めるばかりではなく、逆に相手のために何かしてもいいのだ」という一点に気がつけば、今の自分の不満はおかしいと気がつく。

そしてまた神経症者は「あの人は私を傷つけた」とばかり言う。自分こそ相手を傷つけているということには決して気がつかない。

無意識下に「見捨てられる恐怖」がある

神経症者がなぜそこまで自己中心的なのか？

それは神経症者が生まれてから誰も自分に積極的関心を持ってくれなかったからであろう。

そればかりではない。

おそらく仲間はずれにされて生きてきたのではないだろうか？

幼児期から始まって小さい頃に仲間はずれにされる恐怖感は、普通の大人には想像を絶するであろう。

エーリッヒ・フロムは人が最も恐れるのは「孤立と追放」だという。その通りである。その「孤立と追放」ということも、実は内容的には仲間はずれである。単に積極的関心がもたれないということではない。

神経症的傾向の強い人には意図的に仲間から追放されることの恐怖感がある。

仲間はずれによって子どもがどのくらい深く傷つくかは分からない。

その傷ついた怒りが無意識にある。それこそが神経症的要求の本質的特徴ではないだろうか。

そして何かのことをきっかけにして、その意識から忘れさられていた怒りが無意識の領域で燃え広がりはじめる。そして「次々に怒りに火がつく」ということになる。

時にはささいな出来事で激しい怒りになる。またその怒りで眠れなくなる。

もし無意識に気がつかないなら、その深い傷はその人の無意識の領域にとどまり続けて、おそらくその人の一生を支配し続ける。

その人は、なぜか分からないけど「そう行動しなければならない」という体験をする。理由が分からないままに感情も、「そのように」動き続ける。

強迫性といわれるものはそうである。そうしまいと思ってもそうしないではいられない。疲れたから休もうと思っても休めない。

何もこの人にそこまでいい顔をする必要はないと思ってもいい顔をしないではいられない。どうしてもいい顔をしてしまう。

自分の意思や意図とは違って自分の感情や体が動き続ける。

そうなってしまうのは、無意識にある「意識から忘れられた昔の深い傷」が原因だと私は思っている。

フリーダ・フロム＝ライヒマンは、愛されない人は対象無差別に愛を求めるという。それもその通りであろう。

ただそれも単に「愛されなかった」ということではなく、もっとひどい体験が隠されていると私は思っている。

それでなければ、大人になって対象無差別に愛を求めるというような愚かな行動に出ない。

つまりその人は、小さい頃に養育者などのような重要人物から仲間はずれにされたのである。

人を仲間はずれにするという質の悪い人に接して生きてきた恐怖感こそが、その人を対象無差別に人に迎合していく人にしたのであろう。

仲間はずれにされた悔しさと恐れと怒りは、意識から消えても無意識から消えることはない。

おそらく小さい頃に意図的に仲間はずれにされた怒りと悔しさと悲しさは、ちょっとやそっとのことで無意識から消えることはない。

その心の傷の深刻さは人の想像を超えるものであろう。忘れたはずの恋の傷どころではないに違いない。もっと、もっと深刻なものである。

その傷を受けた当時の、恐怖と怒りに気がつかないと、人は生涯その無意識にある心の傷に支配され続けて生きる。

それに気がつけば、睡眠薬を飲まないでも眠れるかもしれないのに、気がつかないままに眠れぬ夜を幾日も過ごす。

それが神経症者の特徴の一つである復讐性である。具体的には神経症的要求といわれるものが復讐性を含んでいるということである。

彼らは遠い昔、そこまで怒りと恐怖に苦しんだということでもある。

その怒りと恐怖を意識にあげて、乗り越えることが彼らの人生の課題なのである。

ある神経症者である。家族皆にいじめられていた。

就職を機会に一人でアパートに引っ越した。普通の家族であれば当たり前のことである。しかし彼をいじめている家族は驚いた。父親がその神経症者である息子のアパートを訪ねてきて「すまなかった」と言った。

その「すまなかった」の意味はなんであろうか。

家族皆が、意図的にその人をいじめて心を癒していたのである。その人を仲間はずれにすることで、家族皆が心を癒していた。

こうして成長した人が神経症者になり、怒りをため込んでいる。

やり場のない怒りの矛先を探して

神経症者が持つ「他人は自分に奉仕すべきである」という要求は、むしろ「もっと、自分に関心を持ってしかるべきである」ということである。

その無意識の必要性があって、神経症者はあそこまでひどく自己中心的になるのである。

それは考えてみると神経症者の身勝手な要求は当たり前のことである。小さい頃から母親に積極的に関心を持ってもらえなかった人が、そういう要求をもっても不思議ではない。

赤ん坊が母親にそのような要求をもつのが自然である。神経症者がたえずイライラしているのは、無意識にその要求があるからであろう。

神経症者と赤ん坊が違うのは、赤ん坊には復讐心がないが、神経症者には復讐心がある。長年にわたって基本的欲求が満たされてこなければ、心が怒りに満ちてくるのは不思議ではないだろう。

小さい子どもの母親への愛情欲求は第一に排他的なものである。排他的な愛情を必要とするということは「私だけを愛してほしい」ということである。

相手は「私だけを愛している」し「私だけが好き」である。そうでなければ相手に不満になる。

誰にも依存しない自分だけの世界というものができるためには、養育者との二人だけの秘密の世界がなければならない。

神経症者にはその世界がなかった。

子どもが心理的に成長し、自我が確立するためには、他の誰もが加わることのできない自分独自の世界がなければならない。

そのスタートは母と子の排他的な世界である。そしてそれは自分にとって無責任が許される世界でもある。

そういう世界を小さい頃に体験することが、やがて成長して心の核となる。そして自分独自の世界ができて、自我が確立してくる。

他者を愛することのできない神経症者は、相手のために何かをすれば必ず見返りを求める。

ところが現実の社会では「ラブミー、リターン」(love me return) のリターンはない。その人のために頑張ったつもりでも、期待したほどのものは返ってこないことが多い。期待したほどには関心も感謝も賞賛も返ってこないことが多い。

そこで怒りが生じる。愛する相手に対する非難と、相手を責める気持ちが出てくる。私がこんなにしているのに「その態度は何だ」という怒りである。相手の態度を責めないではいられない。

神経症者には心の土台がない。神経症は元々心が不満である。その不満をどこにも向けられないでいる。怒りの矛先が分からない。

そんな心理状態の中で、相手のために頑張った。

しかし相手からは期待した反応はない。するとどうしても相手を責める気持ちになる。

そういう体験が日々心の底に積み重なっていく。

5

心の中にあるダイナマイトと導火線

爆発したのは、長年蓄積された鬱憤

誰かがその人を利用しようとして近づいてくる。そしてその人は利用されてしまった。するとそのことが引き金になって、その人の積年の恨みが爆発してしまう。それが周囲の人から見ると不適切な怒りとなる。

周囲の人には、その人がなぜそこまで怒るのかが理解できない。たかがあれだけの人のあれだけのことで、その人がなぜそこまで猛烈に怒り始めるのか理解できない。そしてその怒りは止まらない。

理解できないのは、怒っている人の心の中に蓄積された怒りが、周囲の人の目に見えないからである。

たったそれだけのことで、なぜ夜も眠れなくなるのかが周囲の人には理解できない。

しかしささいなことによって怒りで夜も眠れなくなる本人にしてみれば、長年にわたる悔しさの歴史がある。

今までの周囲の人に対して、元々「よくもここまで人を利用してくれたな」という蓄積された怒りが爆発しているのである。

そのときのその人に与えられた刺激が問題ではない。そのときのその人が受けた刺激はダイナマイトの導火線に火をつけただけである。

爆発しているのはその人の心の中にあるダイナマイトである。爆発しているのは導火線についた火ではない。

その人のことが悔しくて、いつも心から離れない。夜ベッドに入ってもその人のことを考えている。その人が悔しくて、悔しくて眠れない。

睡眠薬でやっと少し眠れる。夜中に何度も目が覚める。目が覚めるとその人のことを考え始める。

こんなにひどい目に遭わされた、許せない。そうしたことが次々に思い出されてくる。

「あいつはなんてひどい人なんだ」という過去の怒りが、今日の怒りに変装している。

「あいつはどうしてこんなに自己中心的な人なんだ。相手のことも少しは考えろ」と、また闇の中で激しい怒りがわいてくる。

睡眠薬を飲んでいながらもぐっすりとは眠れない。そこで不快な気持ちで朝、目が覚める。まだその人のことを考えている。心はその人に囚われている。

朝になってまた憎しみがわいてくる。

昼間も同じである。いつもその人のことを考えている。その人のこと以外は考えられない。

アルコール依存症の人が、アルコールが切れたときにはアルコールのことしか考えられない。

ギャンブル依存症の人も同じである。ギャンブルを力で禁じられて、家から出られなくされれば、窓を壊して出かけていく。

ギャンブルができなければ、ギャンブルのことしか考えられない。

怒りで眠れない人もそれと同じである。

怒りで悔しくて頭がおかしくなっている人は、何かの禁断症状なのである。

もうその怒りの対象になっている人のことしか考えられない。

アルコール依存症の人がアルコールに囚われているように、その人はその怒りの対象の人に囚われてしまっている。

薬物依存症の人が、薬物が切れれば、薬物のことしか考えられない。その禁断症状に苦しむ。

その人がどのような種類の禁断症状に陥っているかは異なるだろう。

薬物の場合には禁断症状になると、のたうち回って苦しむ。

"禁断症状"のような心理状態になる理由

もちろん心理的に健康な人だって、現実にひどい目に遭わされれば、そのことしか考えられないであろう。

定年になって将来の計画を立てているところに、退職金を騙された。

それは自分を騙した人に対して怒り心頭に発するであろう。

あるいは強迫的名声追求をしている人にとっては、自分の名声追求の活動を妨害した人が怒りの対象である。

名声追求をしないではいられない。それはアルコールを飲まないではいられないのと本質的に同じことである。

名声追求している人にとって、名声追求の活動をしないではいられないのは、ギャンブル依存症の人が、ギャンブルをしないではいられないのと本質的には同じことである。ギャンブル依存症の人がギャンブルをできないでいる。禁断症状に陥る。ギャンブルのことしか考えられない。

強迫的名声追求の人がその活動を妨害されたら、禁断症状に陥る。それを妨害した人のことしか考えられない。

名声によって自分の不安を乗り越えようとしている人にとっては、名声追求の努力を妨害されることは、そうでない人が同じ客観的な状態に陥るのとはまったく意味が違う。

ワーカホリックの人にとって仕事の時間を割かなければならない行為は、大きな意味を持つ。仕事の時間に割り込んでくる人は、ものすごく頭にくる。

そしてその人が仕事を妨害し続ければ、仕事依存症の人にとっては禁断症状に陥る。そこでその人に対して怒り心頭に発することになる。

その人の言動や気持ちは、気がつかないうちに無意識に蓄積された怒りに支配されている。

その人自身は自分の気持ちが不安定であることの原因は理解できていない。しかしその人が何かささいな事柄で、気持ちが左右されてしまうのは無意識に蓄積された怒りがあるからである。

ちょっとしたことで急に気持ちが不愉快になる。自分ではその不愉快になる気持ちをどのようにもコントロールできない。

毎日不安定な気持ちに苦しむ。毎日が楽しくない。外側には自分を不愉快にする原因は実はない。

本人はある相手の言葉で不愉快になるから、不愉快の原因はある人の言葉であると思っている。

そしてその「ある人」を責める。しかしその人の不愉快の原因はその「ある人」の言葉ではない。

その人の怒りは禁断症状である。

何を強迫的に求めているかはその人によって違う。たとえばある政治家がイライラしている。周囲の人は「イライラ○○」とその政治家を呼ぶ。

おそらく常にイライラしている政治家は強迫的に権力を求めているのだろう。だから自分の日常生活であれ、政治的活動であれ、とにかく権力獲得のプラスにならない行動をしている時には、禁断症状に陥っているのである。

権力の禁断症状であれ、ギャンブルの禁断症状であれ、そのつらさは本質的に違いはない。

そう考えてくると、多くの自己蔑視している人やナルシシストは常に禁断症状に陥っていると考えてよい。ナルシシストや自己蔑視している人は傷つきやすい。

いつも傷つくからいつも怒っている。しかしその怒りを直接的に表現できない。心の中に蓄積されていく。

それが常に心理的不安定になっている原因であろう。

イヤな相手が頭から離れない心理

禁断症状をよく表している心理状態は、好きなことがないということである。何をしても楽しくないということである。

アルコール依存症の人は何をしても楽しくはない。アルコールを飲んでいるときは楽しくはないが、それ以外のことをすることもできない。いわんや楽しいことなど何もない。ギャンブル依存症の人は好きなものは何もない。もちろん依存症になってしまえばギャンブルも好きではない。

仕事依存症も買い物依存症も権力依存症も名声依存症の人も金銭依存症も、皆同じである。

そういう人達の日常生活のイライラや怒りっぽさ、それが禁断症状の表現である。

金銭依存症の人は、とにかくお金儲けのことをしていないと不安である。お金儲けと関係のないことをしていると、いても立ってもいられない。

外側の世界が原因で禁断症状に陥ることがある。

お金儲けのことを妨害されると、禁断症状に陥り、その原因の人に対して猛烈な敵意を抱く。

アルコール依存症の人がアルコールのこと以外に考えられないように、金銭依存症の人は金銭のことしか考えられない。

そしてお金儲けの活動を妨害した人に対しては猛烈な怒りを覚え、その人のこと以外は考えられない。その妨害した人に気持ちが囚われてしまう。そして苦しむ。

お金儲けに囚われていた頭が、今度はそれを妨害した人に気持ちが囚われてしまう。

どうしても消えない怒りで自滅するような人は、どこかにこうした強迫的な性格がある。

事実として同じ事柄が、強迫的性格の人と、心理的健康な人ではまったく違って感じられる。

外側の事実が問題ではない。誰かの言った言葉が怒りの真の原因ではない。

6

怒りは気づきのチャンス

強迫的に成功を求めていないか

怒りで眠れないときには、「このことは自分に何を教えているのか？」を考える。

もしかしたら自分は強迫的に名声追求しているのではないか。自分は強迫的に名声追求するような心の問題を抱えているのではないか？

そう考えてみる。

深刻な劣等感のある人は強迫的に名声を求める。名声がなければ心理的には生きていけない。

そういう人にとって強迫的名声追求が妨害された場合には不満の反応は桁違いに大きい。

仕事をしているときに、その仕事をするのに自分に都合がいいからといってある人と関わってしまった。そして時が経つにつれて事がうまくいかなくなりだす。腹が立つ。

しかしなぜそういう人と関わってしまったのか?

自分にとって都合がいいからその人と関わってしまったという自分の動機を考えない。だいたい世俗の中で生きている以上、物事はうまくいかないのが当たり前である。相手のほうも自分を都合よく利用しようとしているからである。

うまくいかないときには怒りを感じるが、逆にうまくいっているときには感謝をしない。自分が今当たり前と思っていることは決して当たり前のことではなく、感謝をしなければならないということもある。

何か事がうまくいかないときは、そのことに「気がつきなさい」という神様からのメッセージかもしれない。

自分の傲慢さを戒める神様からのメッセージかもしれない。

そしてその傲慢さに今気がつかなければ、将来もっと困ったことが起きたかもしれない。

ニューヨーク大学の壁に掲げられた無名兵士の言葉という詩は、「失意の若者へ」という題であったようだ。

「世の人々の賞賛を得ようとして成功を求めたのに、得意にならないようにと失敗を授かった」。このほかにいろいろなことが書かれている。

そして最後に「求めたものは一つとして与えられなかったが、願いはすべて聞き届けられた（中略）私はもっとも豊かに祝福されたのだ」とある。

世の人々の賞賛を得ようとして成功を求める前に、自分が今当たり前と思っていることは決して当たり前のことではなく、感謝をしなければならないということを言っているのではないか。

そしてそのことに気がついたからこそ「もっとも豊かに祝福されたのだ」と幸せになれたということであろう。

今あることを「当たり前」と思ってはいけない

今あることを当たり前のことと思ってはいけない。怒りを感じるのは、そういうことに気づけというメッセージかもしれない。

今あること、それは健康から始まっていろいろとあるだろう。

それは当たり前のことと思わないように気持ちを再起動しなければいけないということかもしれない。

「偉大なことができるように健康を求めたのに、よりよきことをするようにと病気を賜った」

病気になってはじめて健康のありがたさを分かったのであろう。そして「もっとも豊かに祝福されたのだ」と感謝をする。

決して不運は不運ではない。不運はその人になにかを教えている。

自分にあまりにも都合よくいろいろなことが運ぶのを当たり前のことと思っていれば、怒りは消えない。

逆に今うまくいかなかったことが当たり前の状態かもしれない。

そもそも自分にとって都合よくいくことを「変だな」と感じないほど傲慢になっていたということである。

結末が最悪になった場合、後から反省してみれば、途中のどこかでふと「変だな」と思ったことはある。しかし「こうあってほしい」という願望に負けて、そのことを無視する。「こうだったらいいな」がいつのまにか「こうである」になる。

「あれ、変だな」と思ったときには、変なのである。「あれ、変だな」と思ったときには、すでに騙されていることが多い。

相手の言うことを「お世辞ではないかな?」と思ったこともある。しかしそれも「うまくいってほしい」という願望に負けて都合よく解釈して、そのまま進んでしまう。

あるいは自分はお世辞に弱い。ところが自らのナルシシズムや劣等感に負けて、マイナス情報を見て見ぬふりをして先に進んでしまう。

そして最後になって「こんなはずではない」という結末になる。

そしてそのときには関わった人に対して怒りを持つ。自分の欲求が阻止されたのであるから、攻撃性が出るのは当たり前である。

損害を被ったのであるから、攻撃性が出るのは当たり前である。

怒りが静まらなくて眠れなくなるのも当たり前である。

しかし物事がまずくいくときにはこちらにも原因があることがある。当然途中で中止すべきことを中止しないで、進んでしまった。それはこちらの欲とか劣等感が原因である。

深刻な劣等感のある人は強迫的に成功を求める。そして自分に都合がよいと思う人と関わる。そして結果は成功ではなく失敗に終わる。

すると怒りがわいてくる。

劣等感が深刻なら深刻なほど失敗はこたえる。劣等感が深刻なほど関わった人への怒りは激しい。

欲とか劣等感に負けてしまうのは、要するにこちらに不満があるということである。こちらに不満がなければ、途中で冷静に「これはおかしい、これ以上話を進めるのはやめよう」と判断できる。

幸運が続けば、誰でも傲慢になる。イケイケドンドンのときにはすでに下り坂である。

今、自分が腹を立てている不運は「あなたは今すでに下り坂になっていますよ、ブレーキを踏まなければ危ないですよ」というメッセージかもしれない。

もちろん相手がひどい人のときもある。そのときには怒るのが当たり前である。

しかしことが期待通りに運んでいないからといって、すべて相手が悪いわけではない。時には相手は好意で頑張っているときもある。

そういうときでも、自分が傲慢になっているときには相手に怒りがわく。

傲慢になっているときには、事が期待通りに運ばないときにはとにかく怒りがわいてくる。

傲慢ということは、ある人が自分に都合のいいことが当たり前と思うことである。そして都合が悪くなったときに、その人に敵意を抱くことである。

結婚してから自己中に変わった人は要注意

あまりにも非利己主義な人は、事情が変わるとあまりにも利己主義な人になる。

神経症者は極端に非利己主義であり、同時に極端に利己主義であるとカレン・ホルナイは言う。

まさにその通りである。

したがって、あまりにも非利己主義的な行動に接したときには、「この人をそのまま信用したらひどい目に遭う」と思わなければならない。

しかし相手も神経症的傾向の強い人だと、極端に非利己主義であったりする。そこでその人は自分にとって都合がいい人だから、その出会いを幸運であると喜ぶ。

よく離婚をしたいという人が、「夫は結婚してから人が変わった」と言う。夫に騙されたと怒る。

ほとんどの場合それは「夫が神経症であった」ということである。そして自分はその夫の神経症を見抜けなかったということに過ぎない。

そこで離婚を望む妻のほうも神経症的傾向の強い人である場合が多い。結婚前には夫はあまりにも自分に都合がよかったということに過ぎない。

自分も人間であり、相手も人間であるということを考えれば、そんなに極端に非利己主義的な人などはいないと分かるはずである。心理的健康な人ならそう理解できる。

自分が、自己執着が強いから、相手が極端に非利己主義的であっても、「おかしいな」

とは感じない。

自己執着が強いから自分の心の葛藤に囚われていて現実の相手を見ていない。相手が自分に都合がいいか都合が悪いかしか考えない。

相手を見れば、その極端な非利己主義の裏に極端な利己主義が隠されていることが見える。

だいたいあまりつき合いもない人が、自分に対して極端に非利己主義であるときには「おかしい」と思うのが普通である。

たとえば親しい友人なら別であるが、たまたま昨日知り合った人から「お忙しいようですから、お手伝いします」などと言われれば、「おかしい」と思うのが普通である。

しかし自己執着の強い人は「おかしい」と思わないで、「よかった」と思ってしまう。そこで騙される。そして怒る。

極端に非利己主義の人というのは、そこまでしなくてもというようなことまでしてくれる。ボランティアでないのに、ボランティアのようなことをしてくれる人は、神経症者か、騙す人である。

つまり「そこまでしなくても」というようなことまでしてくれる人は、事情が変わればそこまでひどいことをするかということをする。

今まで極端に非利己主義的である人が、平気で約束を破る。こちらの事情を平気で無視する。迷惑をかけても謝らない。

そしてその神経症者の心の中ではこれらの態度が矛盾していない。

それの典型がヒルティーの言う「家で狼、外で子羊」である。外にいるときの羊が、家にいるときには狼に変わる。

しかしその神経症者自身の意識では、それは矛盾していない。家にいるときには周りの人は「けしからん」人達なのである。

家では神経症的要求が出る。そして外では神経症者の愛情飢餓感という弱さが出る。

カレン・ホルナイによると神経症的要求とは非現実的で、自己中心的で、ふさわしい努力をしないで、憎しみが隠されている要求である。

そしてその神経症的要求が通らないとものすごい怒りを感じる。神経症が重症であれば重症であるほど怒りもすごい。

家では神経症者に隠されている憎しみが出る。外では神経症者に隠されている脅えが出る。

神経症者の無意識にあるのは憎しみと恐怖感である。そのどちらが出るかはその人の外側の状況による。

神経症者は相手によっては図々しくて傍若無人である。極端なまでに相手に無神経である。しかし別の状況では極端に神経過敏である。

それもまた無意識にある憎しみと恐怖感のどちらが出るかということに過ぎない。

神経症者は、近くて優しい人に極端なまでに利己主義になる。逆にずるい人に極端なまでに非利己主義になる。

神経症者というのは一番優しい人に一番つらく当たる。恐れがないからである。ずるい人に一番弱い。恐怖感があるからである。そこで一番優しくなる。

同じ相手に対しても変わる。同じ相手の場合には、多くの場合は時とともに変わる。これが「夫は結婚してから人が変わった」という妻の嘆きである。

しかし夫は変わっていない。夫は神経症者であることに変わりはない。夫の行動を見て、夫の性格を見ていないから「夫は結婚してから人が変わった」というのである。

認めるべきは「夫は神経症者で、私は自己執着が強かった」ということである。自己執着が強いから夫の神経症的傾向が結婚前に見えなかっただけである。

神経症的非利己主義の人は、甘えられるようになったときに利己主義者に変わる。甘えられるようになると、神経症者の本当の姿が出る。

ただ憎しみと恐怖感で、憎しみのほうが本質である。

恐怖感が表現されたのがいじめられる人であり、逆に憎しみが表現されるといじめる人になる。

〝しつこい怒り〟は精神的に幼稚な証拠

神経症者は被害を強調する。

神経症者が被害を強調するのは、憎しみがあるからである。

ちょっとしたことをものすごいことのように言うのは、そのちょっとしたことから受けた心理的打撃が、憎しみによって増幅されているからである。

周りの人から見るとそれはささいなことであるが、神経症者にとってはものすごいことなのである。

たとえば相手が、約束の時間をすっぽかした。彼は一時間待っていた。

そのときには待っている時間に自分にとって重要な仕事がなかったので、「ただ一時間待っていた」というだけのことであるとする。

重要な仕事ですっぽかされたら誰でも怒る。しかしそのときにはそんな被害は出ていない。

もちろん普通の人でもすっぽかされれば怒る。

普通の人なら怒るけれども、それで夜も眠れないほどのしつこい怒りにはならない。翌日もまだ怒りが収まらないということではない。

ではどういう場合に眠れないほどの怒りになるか。もしも相手がいつもそうしたことをする人とする。そして長年にわたって迷惑をかけられていたとする。

そうなればある時点で怒って「もう、切れた」ということがあるかもしれない。「もうあいつには我慢できない」となるかもしれない。

そのときには夜も眠れないしつこい怒りになるかもしれない。

あるいは一時間待たされた相手を今まで憎んでいたとする。そうすればその怒りは夜も眠れない怒りになるかもしれない。

神経症者は長年にわたって人を憎んで生きてきているのである。その憎しみを直接表現できないで、心の底にため込んでいる。

無意識の領域に、積もりに積もった怒りと憎しみがある。その根雪のようになった怒りと憎しみで、ささいなことに反応する。

そうなればささいなことでも、本人にしてみればその被害はものすごいことに感じる。

受けた被害を強調するのは、神経症者が無意識の怒りに支配されているからである。本人と周りの人とは、そのささいなことの受け取り方は違う。

周りの人からすると、「あれだけのことをなんで、あんなに大騒ぎするのだ？」と思うかもしれないが、神経症者にしてみれば、それは許されないほどひどい被害なのである。

人から軽く扱われたときに、どのくらい腹が立つかは、こちらがどのくらい相手を重要視しているかということである。

自分にとって重要な人であればあるほど腹が立つ。その人に心理的にどのくらい依存しているかである。

「こう思ってもらいたい」という欲求が強い人に、こう思ってもらわなければ怒りがわいてくる。

依存心が強くて誰からも好かれたいというような人は、誰に軽視されても腹が立って夜も眠れない。

心理的に自立していれば、その人に対して「そういうことだったのか」ということで、無視できる。

神経症者は自分は特別な人間だと思っている。そこで特別扱いをされたい。でも現実には特別扱いされないことが多い。そこで怒りが生じる。

ボールビーの育児院の観察の話である。子どもがある保母さんを好きになる。そうすると好きな保母さんに独占欲が出る。しかし現実にはその好きな保母さんを独占できない。そこで好きな保母さんがいると、わがままな子になる。保母さんの注目を集めたい。

人から大切に扱われたいのに、軽く扱われる。すると怒りがわく。

自己蔑視している人は尊敬されたい。しかし現実の世の中ではそんなに尊敬されることはない。そこで自己蔑視している人は傷つきやすい。それは怒りやすいということでもある。

7
執着性格の構造

執着を手放せば、怒りは消える

怒りを消せないのは、その人が執着性格だからである。

「もう『これ』は失ってよい」と思えば、怒りは消える。

「もう『これ』は失ってよい」と思えば、面子（メンツ）を保とうとすることをやめられる。憎まれてもよい、ひどい人と思われてもよい。

そこで自分のためのエネルギーがわいてくる。

それらのことを失う覚悟で、言いたいことを言う。

塾の経営者でもあり先生でもある人がいた。

生徒がいなくなれば経営は破綻する。その先生が、「生徒を失ってもよい」と腹を決めて、保護者に言いたいことを言う。

その先生は、それで「保護者への怒り」は消えたという。

「捨てる」ことで怒りが消える。

失うか、命を縮めるかの選択。

捨てるか、つまり言うことを言うか、ノイローゼになるかの選択である。

言いたいことを言えないということは、捨てられないということである。面子に執着していることである。嫌われないように気を使っているということである。


やるだけやって駄目なら、捨てる。諦める。それが本当の悟りである。

それが執着しないということである。

やるだけやって駄目でも、それを捨てられない。

ストレスになる、悔しい、怒りが収まらない。眠れない。自己執着である。

やるだけのことをやらないで諦めるのは悟りではない。


覚悟を決めれば失うものはある。しかしたとえ失っても、怒りで眠れないよりはそのほうがよい。

「どう思われてもよい」と思えば、言いたいことを言える。

言ったことのマイナスを覚悟すれば、怒りで眠れないということはない。相手からよく思われることに執着していれば、怒りは増大するばかりである。眠れない夜が続く。

いい人と思われ続けようとすることで、人は命を縮める。嫌われることを怖れていい人に執着する、そうである限り怒りは消えない。眠れないほどのストレスは消えない。

たとえばある人がバスケットボールをしていてつまずく。そして怪我をした。もしここで「あいつのために怪我をした」となれば、その人が悔しくて眠れないであろう。

バスケへの執着が強ければ、つまり目的への執着が強ければ、欲求不満で怒りから眠れない。

命より「それ」が大切になってしまったのが、執着性格である。だから執着性格はうつ病になる。

カレン・ホルナイは、神経症者は他人が生命的に重要になると言うが、その通りである。

生命的重要性というよりもむしろ「他人によく思われることが命より大切」と言ったほうがよい。


ずるい人にさえ気に入られようとしていると、周りにどんどんずるい人が集まる。

それはずるい人が抱えるマイナスの感情をダンプするのに、その人は便利だからである。

ダンプとはダンプカーのダンプである。

嫌われることが怖い人は、ずるい人のマイナスの感情のはけ口になる。

現実から逃げているが故に心の葛藤に苦しんでいる人がいる。世の中には、この心の葛藤に苦しむ人からいじめられている人がいる。

つまり心の葛藤に苦しむ人の慰みものにされる人もいる。心の葛藤に苦しむ人のマイナスの感情の処理に使われる。

「私は彼らが自分の否定的感情を私の上にダンプするのを拒否する」(注26)という姿勢は、モラル・ハラスメントの被害者にならないためには大切なことである。

モラル・ハラスメントとは「あなたのため」と言いながら相手をいじめることである。

愛の仮面をかぶって人をいじめる。

人の否定的感情の処理に利用されないということが、「人がゴミを私の上にざーっと流し落とすのを拒否する」ということである。

彼らが自分達の過ちの結果として持ったマイナス感情を、私をゴミ捨て場とすることで処理するのを拒否するということである。

「私は彼らの廃棄物処理場ではない」という決意である。

自分が廃棄物処理場になることを許しておいて、「あの人が悔しい」と言っても、解決しない。怒りは消えない。

「自分でない自分」で生きている

自分でない自分で生きてきている人。

たとえば疑似成長している人である。

社会的には立派な大人である。現実にはうまく適応している。しかし心理的には適応できていない。

そういう人は自分でない自分で生きてきている。「本当の自分」を裏切って生きてきている。嫌いなものを好きと言って生きてきている。仮面で生きている。

疑似成長しているということは元々傷ついているということである。

疑似成長している人は、「実際の自分」で生きられなかった人である。つまり「本当の自分」は元々傷ついている。

「本当の自分」はうまく生きていかれないと感じている。「本当の自分」は駄目な自分と、心の底では思っている。価値がない自分と、自分自身が思っている。

だから疑似成長という見せかけの成長をしなければならないのである。

つまり毎日傷は痛んでいる。毎日不愉快である。毎日気が晴れない。毎日気が重い。

他人の言葉で、その傷を感じたにすぎない。他人の言葉で、その傷を意識したと言ってもいいかもしれない。

傷ついているといっても傷ついていることが日常なのである。それが日常の状態である。

毎日何かをしているときには、意識は傷にいっていない。肉体的にいえば「かさぶた」ができていると言ってもいいかもしれない。しかし何か意識がそこに向くようなことがあれば傷は痛む。

したがって「傷ついた」というよりも、元々ある傷が痛んだということである。

ラグビーをしていれば試合中に少しくらい傷ついていても痛くはない。しかし試合が終われば傷は痛む。

それと同じで日常的には傷に意識がいっていない。しかし傷を意識させるような言葉に接すれば、傷に意識がいき、痛む。

疑似成長している人は毎日、毎日自分でない自分で生きていれば、傷つきやすい。と同時に今を生きられない。

今していることには意識がいかない。

完全に「今していること」に意識がいっているわけではないが、同時に意識が完全に傷にいっているわけではない。

要するに疑似成長している人は生きているような、生きていないような心理状態なのである。

8 「自己蔑視」の反動から態度が高慢に

ささいな一言で「自分を否定された」と受け取る

ささいな一言で深く落ち込んでしまうのは、元々が自分に対して否定的な態度をとっているからである。相手のその一言で自分の価値を全否定されたような気持ちになる。言葉そのものはまさにその人のある部分を否定したに過ぎない。

たとえば「あなたの、その食べ方が気に入らない」ということにしか過ぎない。あるいはフォークの使いがおかしいのではないかという言い方である。

しかし自己蔑視している人やナルシシストは、その言葉で自分の存在そのもの、自分の価値そのものを否定されたように感じてしまう。

したがって人の何気ない言葉に深く傷ついたときに、必死になって怒りを抑えても、それで心の問題は解決しない。

傷ついたときに、いかに自分が自分に対して否定的な態度をとっていたかということに気がつき、それを改めることが問題解決には重要である。

自分に対する自分の態度を改めないで必死で怒りを抑えて生活をしても消耗するだけである。表面的に事は収まっていっても心理的な問題は未解決のまま残る。

自己蔑視している人は相手の言うことを自分の価値を否定したと受け取ってしまう。

相手にはそのつもりはない。

自分の側に、常に自分に対する否定的な態度があるから、相手の態度や言葉を自分の価値を否定したと受け取ってしまう。

外化（がいか）であり、動機混同である。

心に傷を持つと、どうしても自分に対して否定的な態度になってしまう。

高慢な態度と卑屈な態度は同じコインの表と裏である。

「予備校において自分の愚劣さにうちひしがれていた」という人がいる。○○大学に入れば劣等感が消えるかと思って○○大学に合格したがそれも駄目。

○○大学に入ったが自分の学部に劣等感を持つ。

他の学部が何か高尚な学部に思える。

その彼がかつて「オレは神だ」と言っていた。高校時代「オレは神だ」とか「世界征服をしてやる」と本気で考えていたこともあると言う。「実際に実行しようとして軍事などについて研究するまでやった」と言う。

「自分ではなぜあんなことを言ったのだろうか」と今になっては思うと彼は言う。

それは彼が「オレは神だ」ということでしか現実を乗り切ることができないからである。「オレは神だ」と言わなければならない心理的土壌がある。それは深刻な劣等感を持っている人である。

深刻な劣等感が誇大な自己イメージとなって表れたのである。

彼は人とふれていない。「オレは神だ」と言うことで現実を乗り切ろうとする、それは憎しみが原因である。

彼は「僕は常に他人に自分をよく印象づけようとしています」と言う。そういう形で自信のなさが表れる。

その一般的な表現が、神経症的非利己主義である。だから神経症的非利己主義の人は、人間関係で抑うつ状態になるのである。

さらに彼は次のように言う。

「僕はいつからか誰に対しても敬語で話すようになってしまいました。たとえば同じ学年の人に『電話番号は？』と聞けばいいところを『お電話番号を教えていただけますか』などと聞いてしまったりする。実行力の欠如である」

こうした卑屈な言動をする度に彼の無意識の領域に怒りが堆積していく。

それが「オレは神だ」という姿勢となって表れる。

不必要なまでの低姿勢が、心の底での怒りとなり、それが「オレは神だ」という形で表現されてくる。

高慢な態度と卑屈な態度は同じコインの表と裏である。

彼は、今自分がしていることをこつこつしていれば道は拓けるのに、「オレは神だ」と言わなければ現実に立ち向かえない。そこで毎日が怖い。

彼のようなナルシシストは殺人者に囲まれている世界に住んでいる。

「オレは神だ」と言ったら幸せになれないということが理解できない。

幼児が「プレステもっているぞ」と言うのと同じである。

こういう人は仲間に好かれようとして、結果として皆から嫌われる。

理想の自分と現実の自分のギャップに傷つく

どのようなときに人は不満になるのであろうか？

その一つには自分が考えている自分と、周囲の人が考えている自分との違いが多いときである。

その人は「私はこれをしたい」と願っている。それをできる能力はあると自分では思っている。

しかし周囲の人はその人にそれをすることを期待していない。またそれができる能力が、その人にあると思っていない。

その人は不満になる。

周囲の人がその人に期待する役割と、その人が果たしたい役割との間には大きなずれがある。そんなときにその人は不満になる。

不満になる人の中には自分の実力を客観的に評価できない人がいる。

ほめてほしいと思っていなければ、ほめられなくても傷つかない。不満にはならない。

怒りはわいてこない。

しかしほめてほしいと常に思っていれば、ほめられないと傷つく。怒る。不満になる。敵意を持つ。

それがストレスになり、心身ともに悪影響をもたらす。

ましてほめられることが心理的必要性であれば、ほめられないときにはパニックになる。つまりほめられることでしか自我が安定しない。

自分が普通に生きていくのにほめられる必要がある。これはものすごいハンディキャップである。

自己蔑視している人は傷つきやすい。傷ついて怒る。つまり自己蔑視の原因は怒りの原因でもある。

普通の人はほめられなくても普通に生きていかれる。しかし自己蔑視している人はほめられないと不愉快になり、敵意を持ってしまう。

そうなれば、常にほめてもらっていないと怒りがわいてくる。その結果生きることは苦しみに満ちている。

自分が不愉快になったり、不満になったり、怒ったりするばかりでなく、相手が不愉快な存在になる。すると人間関係ではいろいろと面白くないことが多くなる。

人間関係で鬱憤が溜まるのは、多くの場合、相手に問題があるというよりも、こちらの心理状態によるところがある。

しかし私たちは多くの場合、不満になるときには、相手に対して不満になる。相手の態度に怒りを持つ。そして相手に暴力をふるったり、逆にすべての感情を抑え込んでうつ病になったりする。

相手への不満は〝願望〟の裏返し

子どもに親孝行を期待すれば、親は親孝行でない子どもに不満になる。

配偶者に朝ご飯を作ることを期待すれば、朝ご飯を作らない配偶者に不満になる。

不満とは相手に対する要求の裏返しである。そう考えると人からほめてもらうことが必要な人は、大変生きづらい。とにかく相手に怒りを持つことが多い。

経済的なことで考えれば、理解しやすい。

ある人は生きていく上に一千万円必要である。一千万円借金をしている。今返済を迫られている。一千万円なければ生きていけない。

別の人は借金なしである。したがって特別なお金がなくても生きていかれる。

両者が三〇万円の給料をもらった。

片方の人はとてもでないが生活していかれない。もう一方の人は普通に生活していかれる。


学校から帰ると母親から「なんでこんなに遅くなったの？」と聞かれた。

その子はお母さんにいい子と思ってもらいたい。

学校で先生から、のこされて勉強をしてきた。

でもお母さんにそう思われるとイヤだから、遊んできたと言った。

そこで母親に怒られた。

自分が嘘をついたのだからしょうがないけど、でも不満。やっぱりスッキリしない。心に怒りがあって母親の言うことを素直に聞けない。

そこで「居残り勉強をさせられた」という事実を言って怒られたほうがよい。

「言えばよかった」と後悔する。でも母親に不満。そういうことが積もり積もったことで、なんだか分からないが、不満になる。

大人になってからも、まだ子どもと同じ心理であれば、同じようなことで不満になる。

欲求不満なときに、自分の欲求がそもそも正常なものであるかどうかを考える必要がある。

自分の望み、自分の願望が遂げられないと言って不満になる。しかしその願望そのものが異常だということがある。

自分は千円しか払わないでおいて、一万円のものが欲しい。そして売ってくれないと言ってお店の人を恨む。

このようにそもそも恨んでいること自体がおかしいということがある。人を恨んでいれば不幸である。

しかしその不幸の原因である願望そのものがおかしい。

悩んでいる人と話していると、そもそも悩みの原因がおかしいということがある。

同じ状態で普通の人なら感謝をするようなことを、そういう人は恨みにしてしまう。社会的、肉体的には大人でも、心理的にはまだ子どもである。

ところでいつも怒っている人、いつも不満な人は心の底で孤立感があることが多い。基本的欲求である所属感が満たされていない、愛情欲求が満たされていない。つまりそれは孤独感でもある。

怒っているときに、その怒りの源になる原因は、隠された孤立感であることが多い。隠された孤立感と書いたのは、その孤立感が本人には意識されていないからである。孤立感が無意識にある。

そういう人は、人と話すとほっとして安らぐ。たまたまある人と話ができた。すると怒りの炎が消えてきたということがある。

もし人と話して怒りが消えるなら怒りの元々の原因は隠された孤立感である。

怒りの原因はいろいろとあるが、意外なところにあることが多い。その一つが本人には意識されていない孤立感である。

また、すでに述べたように神経症的傾向の強い人、自己蔑視している人、ナルシシストなどは傷つきやすい。いつも傷ついていていつも怒っている。

怒りの対処を考える前に、怒りの原因を正しく突きとめる必要がある。

第2章

人をけなして優位に立とうとする人の心理構造

——その裏に隠された不安と劣等感

1

「抑圧された感情」が爆発するメカニズム

「私は拒否された」という幼児期の記憶

ある人の何気ない言葉が、その人の蓄積された憎しみに火をつけてしまったということがある。

だからちょっと人が何か失礼なことをしたというだけで怒りが収まらない。

その場に不釣り合いな怒りを表現するときには、その人の中に怒りの抑圧がある。

小さい頃から敵意を次々に抑圧していくと、敵意がその敵意の対象から解離して一般化する。もう誰も彼もが憎らしくなる。

ちょっと失礼なメールが来たというだけで、心理的に不安定になり、ベッドに入ってからも怒りが収まらない。怒りでなかなか眠れない。

やっと寝られたと思うとすぐに目が覚める。そして怒りはもっとひどくなっている。そうして暗闇の中で朝まで眠れない。

そういうことが日常茶飯事である。単なる失礼なメールがそこまですごい影響を持ってしまうのはなぜか。

それは敵意が、単にある人への隠された憎しみという段階からさらに別の人への隠された憎しみと複雑に融合し、変容し深刻化しているからである。

そうした敵意が、心の中に表現されないままに慢性化してくる。

敵意が慢性化しているということは、その人は「すぐに怒る性格」だということである。特定のある人に怒っているのではない。誰であっても怒りの対象になる。そのたまたま導火線に火をつけた人に向かって溜まった怒りが爆発する。

そしてその慢性化している隠された敵意は心の独裁者になる。逆らうことはできない。ささいな失礼で、その慢性化している隠された敵意に火がつく。そして慢性化しているから、常に怒っているし、一度怒るとちょっとやそっとのことでは怒りが収まらない。

心理的に健康な人は、なんであんなことであそこまで怒るのかと不思議がる。なんでいつまで怒っているのかと不思議になる。

しかしそれにはそうなるだけの原因がある。

自分でも自分の怒りは不適切だと思う場合には、自分の胸の奥深くで、自分の怒りの心理と行動を調べてみる。

何かで怒るのは自然な感情である。しかしその怒りの大きさは怒りの原因よりはるかに大きかったということが問題なのである。

何でもない日常会話のような言葉に対する過剰反応は、その人が想像を絶する蓄積された怒りを持っているという証拠でもある。

相手の態度が、その人の幼児期の屈辱的な数々の感情的記憶をその人によみがえらせたのかもしれない。ただ本人にはその意識はない。ただそのときの相手に向かって怒りを吐き出している。

その人の怒りが激しすぎるのは、その人に「私は拒否された」という幼児期の感情をいまだに抱えていることを示しているからかもしれない。

小さい頃から怒りを隠しているので、周りの人皆が嫌いになっている。だから人には何も言いたくない。大人になれば無口で不機嫌になる。

小さい頃の怒りは表現されていないから大人になっても消えていない。

小さい頃から怒りが抑圧されている。

そしてその対象から分離されて拡大し、夢の中に表れることもある。夢の中には、人を殺したり、自分が天才になったり、他人を屈辱で精神的にまいらせる等々いろいろな事柄が表れる。対象からの乖離により、敵意は次第に強化される。(注27)

何となく漠然とした敵意を世の中の人々に持っている人がいる。敵意とまではいかないが漠然とした不満を持っている人もいる。

「表現されないままに慢性化した敵意」はたどっていけば、幼児期の基本的不安感にたどり着く。どうしてもそこに行き着く。(注28)

実は親子関係で傷つきつつ基本的不安感を持ちながらも、意識の上では仲のいい家族という場合がある。いつも怒っている人の中には仲のいい家族という幻想の中で生きてきた人達もいる。

無意識では傷つき孤立し不安でありながら、意識の上では仲のいい仲間という幻想で生きてきた。

脳の扁桃核が過敏に反応する理由

子どもの頃に扁桃核にいろいろな苦しい体験が詰め込まれる。

それが大人になってから、あることをきっかけにしてそれに火がつく。その屈辱と怒りが再体験される。だからすぐに怒り、いつまでも感情が不安定なのである。

もちろん幼児期ばかりではない。その後の人生でもつらいことはある。そのつらいことがその人の神経回路に焼き付いている。

だから人は急に本当に幸福になるなどということもないし、急に強くなるなどということもない。

つらい幼児期があって、つらい少年期があって、大人になってから脳の扁桃核は過剰に敏感になる。

だから昼に何かささいなことがあるとそれが扁桃核を過度に刺激して夜になっても寝つけないのである。

何かが引き金となって幼児期のつらい記憶が蘇り、今のなんでもない事件を自分の中でものすごい事件にしてしまう。たいした失礼でもないのに「許せない人」にしてしまう。

そして緊張し、食欲を失い、眠れない夜を過ごす。翌日はぼーっとしている。何もできないまま憔悴（しょうすい）のうちに過ぎていく。

ナチスの強制収容所の恐怖は五十年たっても消えないという。後にもふれるが、「記憶に凍結された恐怖」という。

「その結果神経の警報ベル設定値が異常に低くなっている。[注29]」

つまりなぜかちょっとしたことをものすごいことに感じてしまう。人のすることに過剰に反応する。

普通の人は何でもないことなのに、その人は過剰反応する。

それは「過剰な覚醒状態になった扁桃核は傷の瞬間を意識に保持し続けようとする。トラウマは扁桃核に引き金的な記憶を残す[注30]」からである。

すぐに怒るのは扁桃核が過剰な覚醒状態になっているからである。

つまり小さい頃からストレスの多い生活をしているうちに扁桃核が興奮しやすくなってしまっている。

普通の人が反応しないことにも反応してしまうようになってしまった。

普通の人が怒りを感じないことに怒りを感じてしまうようになってしまった。

そうして、そういう人は周囲の人が見ると気持ちが不安定な人になる。しかし本人は自分の神経回路が異常をきたしているとは思っていないから、相手を「けしからん」と思う。

そして相手に怒る。自分の怒りは正当だと思うからその怒りはなかなか収まらない。

小さい頃からストレスの多い生活は「情動の神経回路」(注31)に記憶として焼き付く。何でもないちょっとしたことがものすごいことに感じてしまう。人のすることに過剰に反応する。

相手が言った言葉は大事ではない。事実で、大事になるのではない。その言葉を聞いた人がそれを大事にするだけである。

だから人の言葉で不愉快になったときには、「これは不愉快になる言葉ではない、私が不愉快に感じてしまっているだけだ」と自分に言い聞かせる。

常に「これとは違った感じ方もある」ということを頭で理解しておく必要はある。

アメリカの離婚原因で最も多いのは男の側からも、女の側からもコミュニケーションできなくなったということである。

それは相手の言うことが「小うるさい」ということであろう。「うるさい」と感じることとは不愉快ということであろうが、おそらく多くの場合に違った感じ方があるに違いない。

お互いに、相手の言葉とは関係なく、すでに心の中は隠された怒りで満杯になっているということであろう。

その感情は「親への敵意」に由来する

人は多くの場合、心に残っている怒りに気がついていない。本当はその怒りに火がついているのに、今目の前にいる人の言葉で怒っていると思う。だからあいつにもこいつにも腹を立てて悩む。

「クラークの母親との関係から生じた古傷、そして父親の愛が欠けていたという古傷を見せると、クラークは怒りだした。

彼はよく人生で配られたカードが悪いとグチり、両親がおかした彼に対する罪をグチっていた。私は怒りを埋めてしまってはいけないが、両親の怠慢よりも自分の責任に注目するようにと言った。これがカウンセリングでもっとも重要な部分を引き出すことになった。(注32)」

母親との関係から生じた古傷にはいろいろなものがあるだろう。たとえば「あのときかばってくれなかった」母親に対する怒り。友達や父親にいじめられる自分に無関心な母親に対する怒り。

ところが母親は子どもを可愛がっていると思っている。そのギャップは大きい。

子どもは隠された怒りがあればなかなか親に素直にはなれない。心の葛藤があれば、勉強に集中できない。

ある子どもが「ファミレスのほうが勉強できる」と言った。ファミレスでは素直になれるからである。家にいると素直にはなれない。

幼児期や青少年期には、ひどいことではなくてもひどいことと感じる。

単に「望むときに親がいなかった」というだけのことで怒りを感じる。その怒りが無意識に残って愚痴る後悔が始まる。

「ときどき親に対する子どもの敵意は、望むときに親がいなかったことを非難する形をとる。」(注33)

そして親子関係で怒りを抑圧することの問題は、それがその後の人生の怒りの抑圧を準備してしまうということである。大人になったときの蓄積された怒りの第一歩は、多くの場合親子関係である。

次の台詞などはそれほどひどいことではないが、ひどいことと子どもは感じて怒っている。

「『ぼくが子どものころ、父はあまり家にいなかったんです。ひどいでしょう』

この言葉から、キットが内心父親に怒りを感じていて、それを抑え込んでいたことがわかる。

怒りがあるという現実から逃れるのでなく、本当はそれに直面しなければならないのだ。[注34]」

これは何も私が訳した本にたまたま載っていた例ではない。一般的なものである。

「Worfensteinは、竜巻の間、父親と離れていた幼い女児が、後で父親と一緒になったとき、怒って父親をたたき、自分から離れていたことを非難したと述べている。[注35]」

親が家にいなかったということで怒りを感じるよりも、もっとささいなことで子どもは怒りを感じている。

洋服とか、靴下とかに、細かく気を配ってもらっていたかどうかでも知らない間に気がつかないで怒りを持つ。

だいたい親から細かく気を配ってもらっていた子は人なつっこい。

まず子どもの洋服をキチンとしてあげる母親がいる。キチンとしている子は「母親は温かい」と言っている。

子どもは親がどこかで自分を見ていてくれるという安心感を持つ。

そうした安心感がなかったことでも無意識に怒りを感じている。そして無意識に怒りをため込んでいるが、気がついていない。

このように小さい頃から私たちは知らないうちに、自分が意識しないうちに、怒りを心の底に蓄積していく。

あなたの知らない「モラル・ハラスメント」

この程度で怒りを感じるのであるから、いわんや肉体的虐待ばかりではなく、情緒的虐待など、事実ひどいことをされた子どもの屈辱感は想像を超える。

愛の仮面をかぶったいじめなどは、ものすごい怒りの感情的記憶を残す。たとえばすでに書いたモラル・ハラスメントなどである。

「あなたさえ幸せならお母さんはそれでいいの」と言っていた言葉は、愛ではなく、自分の心に手錠をかけていたのだと気がついたときが、無意識の怒りに気がついたときである。

あるいは親の脅しである。脅しは効果がある。そこで親は子どもに言うことを聞かそうとするときに脅しをする。

そして親は事が治まったと思うが、子どもは心に深く怒りをため込んでいる。

ことに「離別の反復を経験しているだけでなく、遺棄の脅しを絶えず受けている子どもたちと青年たち」[注36]はそうである。

脅しはもちろん遺棄の脅しばかりではなく、「将来困るわよ」というようにいろいろとあるが、脅しは後々まで恨みを残す。

親の「しつけの手段としての脅し」は、子どもの心を深く傷つける。

イギリスの心理学者スコットは少年院で四年間すごし、軽犯罪を繰り返した十五歳から十八歳までの少年たち一〇二名の人格と家庭の背景の調査をした。

すると親の敵対的態度と崩壊した人間関係が共通していた。

スコットが強く印象づけられたのは、多数の事例において、しつけの手段として遺棄の脅しを用いていたことと、この脅しが少年達に激しい「不安と怒り」を感じさせたことであった。[注37]

あとでそれが脅しと分かったときには「よくも脅したな」という怒りが生じ、それはなかなか消えない。

「実際に親殺しを犯す者の多くは、長年にわたって容赦なく繰り返されてきた遺棄の脅しに反発して、そうなると考えられる。[注38]」

非行という形で怒りを爆発させた少年と違って、どこにも怒りの感情を表現できなかった人はどうなるか。

それは恨み深くなる。

なによりもそうした体験を繰り返すことによってその人は恨みがましいパーソナリティーになる。

そして、そこである人から無視された、騙された、バカにされた、断られた等々の体験がある。

するとそれはしつこい怒りになる。

恨みがましいパーソナリティーの人は、心の中の物を入れる容器は詰まっている。

容器が詰まっているのにまだ捨てる物が来る。

そうなれば自我が怒りに飲み込まれる。怒りが自我を支配する。

違った表現をすれば、それは感情が心を飲み込んでいるということである。

自分が怒りの感情に飲み込まれているという自覚を持てれば、脱け出せる。

しかし自分が怒りの感情に飲み込まれているということを感じ取れないとすると、さらに事態は深刻である。

まさに自己喪失の状態である。自分がなくて怒りの感情しかない。自分がないと感じる自分すらないということである。

自分の感情をコントロールするものがない。外界の刺激に直接反応するしか生きようがないということである。それは機械と同じである。

自分が怒りの感情に飲み込まれているという自覚があれば、そう感じる自分があるのだから、まだよい。

しかし過去に支配されるままに生涯を終わる人もいる。

ため込んだ感情を認めることが第一

その恨みがましいパーソナリティーの人が、何かでささいな屈辱とも言えない屈辱を味わう。その怒りはなかなか消えない。しつこい怒りとなる。

それは、そのときの怒りが、今までに積み重ねられてきた根雪のような恨みの感情を刺激するからである。

そのときの怒りが引き金となって今までの積もり積もった怒りが引き出されてくる。

その人の心にどのくらい怒りが蓄積されているかはおそらく本人にも分からない。

初めの怒りが次の怒りを呼んでいく。小さい頃に愛されなかったということはその人のパーソナリティーに想像以上に大きな影響力を持ってしまう。

ちょっとのことで怒りがなかなか収まらない人は、自分の心の中に蓄積された怒りがどのくらいの量になっているのかを反省してみることである。

とにかく大切なのは自分の置かれた位置を知ることである。

まず最初に、自分には隠された怒りがあることを認めない限り真の変化は起きてこない。

私のところに親の暴力で体が痣になっている人が来る。悩み抜いている。それでも「私の親はいい人です」と言い張る。

親が自分を愛していないということが怖くて認められない。しかし現実否認をしている限り、未来は拓けない。

そういう人は自分に問いかけてみる。

―親は自分のことを好きと感じたか？

―具体的に何を好きだったか？

―自分は立派でなければ許されないと感じたか？

もしそう感じるのなら、自分は小さい頃から怒りをため込んでいると考えて間違いない。

そうしたら自分は小さい頃から心理的に不安定だったと認める。

本当に満足したことなどないと認める。

親子でお互いに嫌いだったと認める。

小さい頃から安心感がなかったと認める。

そうすれば自分の位置が見えてくる。


親から許されていない。

親子がお互いに素直になれないのは、お互いに「嫌い」ということである。でも寂しいからくっついている。そして隠された敵意を認めない。

愛着と敵意が同時に存在するときに、人は相手に素直になれない。愛着と敵意が同時に存在するときは、簡単に言うと不満なときである。一緒にいる相手に不満なときである。

嫌いな看護師さんがいたら子どもの病気は治らない。嫌いな先生で子どもは勉強の意欲は出ない。嫌いな親で子どもは安心感がない。


生まれてから嫌いな人がそばにいる。

食事がどんなにまずくても、「おいしいよー」と叫んで生きている。まずいと言って親の不機嫌な顔が怖いから。

嫌いなことを好きと言って生きてきた人の心の中は空虚感である。自己疎外である。心はまったく生きていなかった。

こうした人間環境で怒りを無意識にため込む。こうした人間環境で自我の確立はありえない。

しかし怒りをコントロールするのは自我である。

しつこい怒りは、怒りを忘れようとしても忘れられない無意識の怒りである。

隣の家が、自分の家の玄関先にゴミをまく。それで怒るのは分かる。しかし妻の「玄関先をキレイにしておいて」という言葉で夫は怒りがわく。

怒りの真の原因は妻の言葉ではない。

小さい頃から気持ちを汲み取ってくれる人がいない人間環境の中で成長してきたことが原因である。

過去の〝心の精算〟が必要

隠された怒りについて子どもの例を書いてきたが、それは親になってももちろん同じである。

親は子どもに不満になっている。

子どもが「なぜ一〇〇点をとらないか」と不満になっている母親がいる。そして子どもにイライラしている。

しかしもしかするとその親自身に小さい頃から隠された怒りがあって、それに気持ちを支配されているのかもしれない。

それに気がつかないで、子どもに過大な要求をしてうまく育たないで、「私はダメな母親」と思っているのかもしれない。

自分がうまく子育てできない本当の原因を考えない。怒りっぽい母親は隠された怒りに気がついていないのかもしれない。


蓄積された怒り。

詐欺に騙された。しかもそれは知っている人である。そういうときに悔しいのは騙された額ではない。自分はあの人になめられたということが許せない。

悩んでいる人は自分が想像している以上に、自分の無意識に怒りが蓄積されている。想像もできないほどの怒りが蓄積されている。それは悩みとは変装した怒りであるからである。

ではどうすればいいのか。

勇気を出して「本当は嫌いだった」という人の名前を紙に書いていく。誰に見せるわけでもない。だから本当の気持ちを書いていく。

あの人は、適当にお世辞を言われただけ。自分は適当に利用されただけ。

あの人とうまくいっているように思えたのは、自分に戦う気力がなかっただけ。自分に生きるエネルギーがなかっただけ。自分が自己蔑視していただけ。

あの人達を意識で尊敬し、怖れていた。しかし無意識では嫌いだった。こういうことを自分の中で意識化して整理していく。

こんな奴といるくらいなら一人で死んでいったほうがよい。実際に一人だったのだから。

そういうことに気がついて、自分の心の中で過去を清算していく。

騙されて友達でいるより、騙されないで孤独でいるほうがよい。

あの人を親友と思っていたけど、自分は親友がほしいという願望を外化して、相手を親友と思っただけだった。そう気がつく。

一人一人の名前を書いていくと、自分が思っている以上に自分には激しい憎しみを隠していることに気がつくはずである。

無意識には想像以上の怒りがある。

それが自律神経失調症だ、燃え尽き症候群だ、不眠症だ、片頭痛だ、胃潰瘍だ、心臓病だ、便秘だ、うつ病だとなって表現されている。

心臓病まで書くのは行き過ぎではないかと思う人がいるかもしれない。しかし怒りと心臓病の関係は半世紀以上前から分かっていることである。

「心身の生理学に関する現代の研究は、一九四〇年代に始まった。当時、パイオニア的研究者であるハンス・セリエは、心理的ストレスが体に与える影響を調べていた。その研究方法は最近の生理学的研究の先駆けとなるもので、複雑なＰＮＩの研究から、怒りのような激しい感情が、心臓発作のリスクを増大させる生理学的変化を引き起こすメカニズムの研究まで含んでいた」

「デューク大学では、心臓血管系疾患の患者が、敵意や怒りなどの感情をコントロールするのを手助けするグループに参加している。（デューク大学その他でそれ以前に行われた研究によって、敵意は心臓病の危険因子であることが実証されている）」[注39]

悩みに変装した怒りは、その人の心の問題の所在を明らかに示してくれる。

今、心が安らかでないのは、どうしてか。

それはどこかで、何かを間違っているからである。友人ではない人を友人と思っていたからである。敵を味方と間違えていたからである。

本当は無意識で、あの人は「嫌だー！」と叫んでいた。それを意識で「いい人」と思っていた。好きだと思っていた。

そう思わなければ淋しいから。

でも実はそう思っているほうがもっと淋しい。

それが片頭痛だ、不眠症だ、体調不良だ、敵意からの心臓病だ、うつ病だなどとなって表現されてくる。

「敵意と心臓病」という論文がある。(注40)

敵意がいかに人の肉体までむしばんでいるかが分かる。

無意識の怒りが「悩み」となってあらわれる

その人を親友と思いたいから親友と思っている。自分の心の願望をその人を通して見ているだけ。その人自身を見てはいない。

実際はいじめられているのに、親友と思っている。

それは現実を見る強さがないからである。それが外化の心理である。こうした外化の心理の背景には孤独がある。

その人はそれだけ淋しいということである。それだけ孤独ということである。

虐待されながら、親友と思っているとき、その人には自己不適格感がある。自己不確実感がある。自我の不安定感がある。

いじめられているという現実を認識するのはあまりにもつらい。

しかしその間に心の底には怒りが蓄積されていく。

相手からいじめられているのに、その相手を親友と思っているような人には、長年にわたって無意識にもの凄い怒りの蓄積がある。

そういう人が高齢になって心理的に問題を起こさないほうが不思議である。高齢になってアルコール依存症になったり、不機嫌になったり、ギャンブル依存症になったり、憂鬱になったり、不眠症になったりするのは当たり前である。

無意識にある怒りの蓄積を処理することが何よりも先決である。それは生きることの必要性である。

蓄積された怒りが「悩み」となって間接的に表現されてくる。蓄積された怒りは「悩み」に変装して現れてくる。

悩みに変装した怒りは、意識しにくい。

無意識に蓄積された怒りは不機嫌、イライラ、怒りっぽさ、憂鬱、表現しようのない重苦しさ等となって間接的に表現されてくる。

怒りはさまざまな形をとった心の病という仮面を被って登場してくる。

その隠された怒りに直面していかない限り、本質的な解決はない。

むしろ寝られないということは心の問題がどこにあるかを示しているのである。

心理的に未解決な問題とは多くの場合、怒りの未処理の問題である。

様々な心の不安定は心理的問題解決能力がないことを示している。

心理的問題解決能力とは自我の確立である。

私たちは社会的問題解決能力があると、自我が確立していると、錯覚する。

ふてぶてしい人に弄（もてあそ）ばれる。深く傷つくが怒りを表現できない。

表現できないどころか、人によっては怒りを意識することすらできない。

無意識に追いやられた怒りに支配されて、対象無差別の殺人をする人まで現れる。

それは怒りを爆発させたという表現が必ずしも適切なのではない。

自分でも自分をコントロールできなくなって、無意識の領域にある怒りに動かされて、意識することなく人を殺しているのである。

殺そうとして殺しているのではない。無意識に自分が操り人形のように動かされる。操り人形を動かしているのはその人の無意識の中にある怒りである。

心の底には皆を殺したいほどの怒りが渦巻いている。どいつもこいつも刺し殺したい。しかしその怒りを意識できない。

心の底で怒りの炎を燃やしながら笑顔で人と接している。自分が自分ではない。だから自分が自分であるという感覚がなくて当たり前である。

すべての人を刺し殺したいほどの怒りを持ちながら社会的には従順に生きている。言われるままに人に従っている。

その従順な毎日の日常生活が心の世界でどれほどの代価を払っているかに気がついていない。

その代価がたとえば不眠症になって表れてくる、片頭痛となって表れてくる、仕事依存症となって表れてくる。

その怒りは意識されなくても、あるとき突然殺人となって表れてくるかもしれない。

あるいは心臓病となって表れてくるかもしれない。

安定した家で成長し、親に対する怒りのない子どもと、親への怒りを持ちそれを表現した子どもと、親への怒りを抑圧した子どもでは、大人になってまったく違ったパーソナリティーになる。

それを同じ人間と思って生きているからおかしくなる。それぞれに日常の生活感情はまったく違う。

自分と他人など比較できるものではない。

同じことを要求されても、それを実行するのにどれくらいエネルギーがいるかは人によってまったく違う。

心理的年齢のことで言えば、自分が赤ん坊であることを忘れて元気な若者と競うような生活をしている人がたくさんいる。その結果落ち込んでいる。

つまり「いつも笑顔でいたい」と思う。それがある程度実行できる人と、どうしても実行できない人がいる。

外から見れば同じ人間でも、心の中はまったく違うのだから、「あの人のようにいつも笑顔でいたい」と思っても無理である。

「あの人のように心の動揺のない人間になりたい」と思っても無理である。

それは長い年月をかけて努力するしかない。あの人にとっては何でもないことでも、親への怒りを抑圧したパーソナリティーの人には信じられないほどの努力を必要とすることなのである。

「愛情深い両親によって育てられた子どもは、しっかり根をおろした愛情を発達させる。不安で不確実な愛情によって育てられた子どもは、心に深く残る敵意を発達させる。[注41]」

その人がどのようなパーソナリティーであるかの基本は隠された敵意がどうなっているかである。

隠された敵意があれば、他人のちょっとした言動で心の動揺がある。

他人の言葉ですぐに心が動揺し、なんとなく不満になる。

今まで機嫌がよかったのが、なんだか分からないが急に不愉快になる。

人の言葉ですぐにかっとなる。

それが「闇の世界の帝王」に支配されている人の心の動きである。しかも相手の弱みをつかんでいる帝王である。

自分の無意識に敵意があれば、意識の世界は他人の態度や言葉に翻弄される。

自分でもイヤになるほど心理的に不安定になる。

2 封印されたトラウマ

こんな「屈辱感」が刺激されている

小さい頃、自分ではすごいことをしたつもりで、得意になった。しかしそれを認めてくれなかった。そこで傷ついた。不愉快になった。

でもその不愉快な気持ちもまた誰も汲み取ってくれなかった。

得意になっているときに、それを無視されたときの傷は深い。抜け出しようのない不愉快な気持ちに襲われる。

認めてもらいたいという気持ちが強ければ強いほど心の傷も深くなる。つまり不愉快さも深刻である。

得意であれば得意であるほど、無視されたときの不愉快さはものすごい。

もしこのときに「すごいわね」と言ってくれる母親がいたら、不愉快にならずに気持ちよかった。

しかしそういう母親はいなかった。

そして次々に起きる不愉快な気持ちを我慢し続けているうちに生きるエネルギーを失った。


現実につらいことが多かった。

しかしつらいことそのことよりも、その気持ちを誰も汲み取ってくれないことが心に傷を残した。「つらいよねー」と気持ちを誰も汲み取ってくれる人がいなかった。

そうして一人で生きてきた。

つらい気持ちに誰も共感してくれなかった。

だからつらいことを人以上に恐れるようになった。

明日は仕事がつらいというときに、その仕事をどのくらい恐れるかということは、小さい頃のつらい体験と深く関わっている。


肉体的な痛みもはじめから社会的枠組みと共にあるように、心理的なつらさもはじめから社会的枠組みの中にある。

社会的枠組みというのは、そのつらさを体験したときに、その人がどのような人間環境にあったかということである。

どのような人間環境の中でその人がそのつらい体験をしたかが問題である。


相手の一言で不愉快になる。

なんで、どうでもいいような一言でそこまで怒るのか?

なんで、相手のちょっとした態度でそこまで不愉快になるのか?

それはその人の心がすでに不愉快で一杯になっているからである。

相手の言葉を聞くまえにすでにその人の感情は不愉快なのである。相手の言葉を聞くまえに心の中は怒りで一杯になっている。

その怒りや不愉快という感情の土台の上に立って生きている。その時その時の出来事がもたらしたのは非本質的な軽い感情であった。ただ土台を揺るがした。

その人の基本的な感情は怒りと、それを抑えた結果、生じた不愉快であった。

そして相手の一言を聞いて、その表面を覆っていた薄い感情がはがれて本質的な感情である激しい怒りや深刻な不愉快さが顔を出したということである。

聞き流すべき不愉快な一言は単なる検索情報にしかすぎない。その一言が今の不愉快な気持ちの原因のすべてではない。

その一言の刺激で「ため込まれていた怒りに次々に火がついた」のである。

人は知らないうちに怒りをため込んでいる。それは「記憶に凍結された屈辱感」である。健康と人間行動について研究者であるダニエル・ゴールマンは、著書の中で「記憶に凍結された恐怖」という言葉を使っているが、私はそれに加えて「記憶に凍結された屈辱感」が重大であると思っている。

この節の初めに書いた「小さい頃、自分ではすごいことをしたつもりで、得意になった。しかしそれを認めてくれなかった」というような体験が続く。そしてその時々の屈辱感は「記憶に凍結された屈辱感」となる。

その「記憶に凍結された屈辱感」が刺激される。

人は様々なことで屈辱感を味わう。

たとえば子どもを甘やかしたり、厳しくしたりという親の一貫性の欠如は子どもに敵意を生む。(注42)

子どもは甘えられるかと思ったら拒絶された。そこで屈辱感を味わう。

子どもを甘やかしているように見えるときが親の敵意の反動形成であり、過剰補償である。

ところが子どもは親に対する敵意を抱いているということを意識できない。

こうして人は知らないうちに怒りをため込んでいる。怒りの原因は屈辱感である。

心が満身創痍

不眠症に苦しむ人がいる。そのときに眠れない怒りの体験を苦しんでいると思っている。

しかし不眠症に苦しむ人はすでに心が満身創痍(そうい)になっている。

もし肉体的に満身創痍であったら人は眠れるだろうか？　眠れない。

そう考えれば、不眠症に苦しむ人が寝られなくても当たり前である。

むしろ「あれだけ満身創痍になっても、まだ生きている」ということ自体が奇蹟に近い。

本来は死んでいるかもしれない。

本来自分は生きていられなくてもいい人なのである。それだけすでに心が傷ついている。

それだけすでに屈辱感に耐えている。それでも頑張って生きている。

そう思わなければならない。

小さい頃からずるい人達の慰み者になった。そのあとはずるい人を含めて皆からの攻撃に無防備になった。

他人からの攻撃に無防備な人には、その前がある。屈辱の歴史がある。

カレン・ホルナイは自己蔑視している人は傲慢な人に無防備だというが、まさにその通りである。(注43)

だから無防備になって皆に食いちぎられて満身創痍になって、まだ生きている自分のエネルギーに自信を持っていい。

心が満身創痍から無防備になるということは、ずるい人の犠牲になる心の歴史があるということである。

それでも生きてこられた。それはものすごいエネルギーがあったということである。

よく生きてこられた。

それなのに「熟睡できない」と嘆くことはない。睡眠薬に頼らなければ「眠れない」なとど嘆くことはない。

「よくこうしてベッドの上で横になっていられる」と自分のエネルギーに感謝をしなければならない。

自分の心は満身創痍になっていると思った人は、非現実的なほど高い期待を持たないことである。

「長生きしよう」などと思わないことである。今、生きているということ自体が、賞賛に値する努力の賜なのである。

今死んだとしても立派な人生である。それだけの人間環境の中で、悲劇に負けないで、今までとにかく生き抜いてきたのである。

原因は「ありのままの自分」を受け入れられないから

ところで最大の屈辱感は何であったろう。記憶に凍結されている最大の屈辱感は何であろうか。

最も不愉快な気持ちに追い込まれるのは、自分が自分を裏切ったときである。

人に裏切られたときは、悔しい。つらい。

それは淋しい、悲しい、べっとりとした不快感である。しかしそれは時の経過で少しずつ和らいでいくことが多い。

ところがその影響がしつこく残るのは、自分が自分を裏切って生きてきたときである。自己実現できなかったときと言ってよいかもしれない。

自己実現できる機会があったのに、勇気がなくて自己実現する機会を逃した。そこから来る不愉快な気持ちは本質的なものである。それらのことが無意識なだけになかなか消えない。なかなか癒されない。

自分を裏切って生きてきたという意識が本人にはない。それだけに根深い。

このような根深い屈辱感や不快感があると、傷つきやすい人になる。

たとえば失恋をする。失恋をしたときには、失恋以外の体験でも、何となく情けなく感じる。楽しく感じても良さそうな体験でも楽しくはない。

それはベースに失恋の悲しみがあるからである。

それと同じでベースに自分を裏切ったつらさや苦しさがあると、それはその後その人の心に影響を及ぼし続ける。

つまり何気ない人の言葉が、なぜか不愉快に感じる。頭で考えれば不愉快になるほどの言葉ではない。それにもかかわらず感情は不愉快になる。

不愉快な感情は長く蓄積されてきた埋もれた感情が刺激されたからであろう。自分を裏切り続けた本質的不快感が感情的記憶として、無意識に生き続けているのであろう。

その無意識に蓄積されている屈辱感や不快感が、そのささいな言葉で刺激された。そして昔の隠された不快感を今再体験しているのである。

今の不愉快な感情は自分を裏切り続けて生きてきたツケと言えるかもしれない。


自分がありのままの自分として生きられなかったことの屈辱感と、その屈辱感からわいてくる怒りのしつこさは想像を超える。

自分がありのままの自分として生きられなかったときに、怒りが心の底に蓄積されていくことに本人は気がついていない。

ありのままの自分で生きられなかったら悪魔になったほうがましだという心理学者シーベリーの言葉は、ありのままの自分で生きられなかったことがどれほど恐ろしいかを示している。

ありのままの自分として生きられなかった人は、大人になって自分がどのくらい怒りを心の底に溜め込んだかに気がついていない。

大人になったときの様々な状況での自分のマイナスの感情は、その溜め込んだ怒りの感情が変装した姿である。そのことに気がつかない。源流にあるのは屈辱感である。

ある人の何気ない一言で急に不愉快になる。そして不愉快になった本人は、相手の一言で不愉快になったと思っている。

しかしその同じような一言を聞いても何も感じない人もいる。

ありのままの自分で生きられなかった人は怒りを溜め込んでいるが、同時に淋しさにも苦しんでいるのである。

しかし本人はその淋しさにも気がついていない。ありのままの自分でしか生きのびられなかった人が成長した人間環境は憎しみの人間環境である。

その人の周りには自己実現して生きている人がいなかった。自己実現している人がいたら事情は変わっていた。自己実現している人は、相手がありのままの自分で生きることを許す。

つまりその人の周りに自己実現して生きている人がいたら、その人もありのままの自分で生きることが許された。

つまりありのままの自分で生きることが許されなかった人は、憎しみの人間環境の中で怒りと淋しさを抑圧しながら生きてきている。

しかもその蓄積された怒りのすごさに気がついていない。その隠されたすごい怒りと淋しさから、心を閉ざした頑（かたく）なな性格の人になる。

それにもかかわらず人に認められたいという弱さから、愛想はよい。愛想はよいが、心は閉ざしている。
頑なさは隠されている怒りが原因である。

育った〝人間環境〟で劣等感が身につく

自分が成長したときに、周囲の人は敵意を持っていた。その人間環境で生きてきたという自覚が大切なのである。

自分の親が人間嫌いだとする。自分が成長したときに周囲にいた人は、人が嫌いだとする。

すると、人は皆「人は私のことを嫌いだ」という囚われに陥る。「私は嫌われている」という人生初期の囚われは恐ろしい。なかなか治らない。

たとえば自分が成長したときに恩着せがましい人ばかりが周囲にいた。

恩着せがましい人は、相手に「お前にはなんの価値もない」というメッセージを送り続ける。

そうすると相手は「ありのままの自分にはなんの価値もないと感じる。価値がないばかりでなく、何か人に与えなければ人は自分とつき合ってくれない」という囚われに陥る。

これは屈辱感であるが、それは無意識に追いやられる。

恩着せがましさはモラル・ハラスメントである。「あなたさえ幸せなら私はそれでいい」というモラルで相手をいじめる。つまりモラルによるいじめである。

それはサディストによる攻撃である。つまりモラル・ハラスメントとはサディストが愛の仮面をかぶって相手をいじめることである。

子煩悩という仮面をかぶったサディスト。過剰なる虚偽の愛。そうした人間環境の中で成長した人もいるだろう。そうしてうつ病になる人もいるだろう。

だからうつ病者は恩を着るのを怖れる。

恥ずかしがり屋の人は人に何かを頼めない。「その窓、開けてくれない?」と頼めない。何かをしてもらったら恩に着なければならないからである。

恩着せがましい人は相手の心を破壊する。

恩着せがましい人の中で成長した人は、心が破壊されている。

そういう人間環境の中で成長すれば、無意識で周囲の人に敵意を持つ。それが外化されて周囲の人が自分に敵意があると思い込む。そうした囚われに陥ったままで大人になる。

大人になって、敵意のある人が自分に何かをした。腹が立つ。

実際には相手がこちらに敵意がなくても、敵意があるという囚われに陥っている。実際には意地悪をされていないのに意地悪をされたと感じてしまう。

身近な人が自分に何かをした。怒りを感じる。

自分はこういう人間であるという囚われ、相手はこういう人間であるという囚われ、そうした囚われから身近な人に対する怒りに襲われる。

要するに何をされても怒りを感じる。いじめられて成長すれば、そうなって不思議ではない。

「自分はまわりから攻撃されている」と感じるゆがんだ思考回路

親を喜ばすためにありのままの自分を断念した。自分でない自分で生きてきた。そういう人は、自分の無意識にある怒りのすごさに気がついていない。

小さい頃からありのままの自分で生きられないということは「自分は周囲の世界から絶えず攻撃され続けていた」と感じていたということである。

現実に周囲の世界から攻撃され続けていたかどうかは別にして、本人は「攻撃されている」と無意識に感じていた。ありのままの自分で生きていられないということはそういうことである。

そうして成長して大人になったときに「人を信じろ」と言っても無理である。犬が小さい頃から石をぶつけられ続けて生きてきたとする。そうして成犬になった犬に、「周りの人は優しいと信じろ」と言うほうが無理である。

石をぶつけられ続けた犬は、人を見たら吠える。逃げる。噛みつこうとする。いずれにしろ人を信じられない。

ありのままの自分で生きてこられなかった人は、とにかくまず自分の心のゆがみに気がつくことである。

自分の脳の中の情報のゆがんだ伝達経路に気がつくことである。

大人になって現実には周囲の人から攻撃されなくなっても、「自分は攻撃されている」と感じているということである。

そうなれば一日二十四時間、腹立たしい。

現実に接していれば怒りを感じる必要がないのに、現実に接していないから怒りを感じる。現実に接していれば不愉快になる必要がないのに、不愉快になる。

そうして周囲の人から攻撃され続けていると本人が感じていれば、「長い人生を周囲の人から実際に攻撃され続けた」ということと心理的には同じことである。

その間に無意識に溜まった怒りと淋しさと恐怖は計りしれない。そのマイナスの感情のしつこさは想像できるようなものではない。

それらの怒りや恐怖は日常生活のあらゆる場面で変装して表れる。

自分が自分を治療するときに大切なのは、何か感じたときに、「自分の今の感じ方は間違っている」ととっさに考えることである。

ある人の言葉で怒った。不愉快になった。

そのときに自分の今の反応は間違っている。何も不愉快になる理由はないと考える習慣を身につけることである。


「意志は対立によって始まる。(注44)」

このことはありのままの自分を裏切って迎合して生きることの恐ろしさを表している。

意志を持つことを禁じられた子がいる。権威主義的親は子どもが自分と対立することを許さない。それは成長することを禁じられた子である。さらに愛することを禁じられた子である。

子どもに愛することを禁じた上で、親はその子に自分が愛されることを求めた。それがモラル・ハラスメントの親である。

子どもが喜ぶことで自分の存在を感じる親は子どもとの関係が薄い。そこで子どもが喜ばないと親は子どもに不満になる。怒る。

子どもを愛しているから、子どもが喜ぶ姿に幸せを感じる親は、子どもへの要求がない。子どもが喜ばなくても子どもに不満にならない。

自分のない親は子どもがいつも機嫌良くしていないと不安になる。そこで子どもに不満にもなる。

子どもを愛しているから、子どもの喜んでいる顔を見たいというのと、喜んでいる顔を見ることで自分という存在を感じようというのとでは、まったく違う。親の心理はまったく違う。

前者は情緒的に成熟している親で、後者は情緒的に未成熟な親である。

親子関係でなくても、自分のない人は同じである。ビジネスマンでも同じである。

つまり上司を愛しているから上司の喜んでいる顔を見たいというのと、上司の喜んでいる顔を見ることで自分という存在を感じようというのとでは、部下の心理はまったく違う。

3 脳の扁桃核が暴走!?

"心の重し"は脳を変化させる

いつも不愉快であったり、いつも怒っている人は小さい頃から親のプレッシャーで生きてきて、脳が変化しているのかもしれない。

その度重なる怒りを常に抑圧するから不満はものすごいものになる。

誰にとっても「自分を理解する」ということは大切なことである。その仕事の一つは感情的記憶の貯蔵庫に何が溜まっているかを理解するということである。

貯蔵庫に溜まったものが空（から）にならない。貯水池に水が溜まって空にならない。

そして実際に危険水域に達していないのに、危険水域になったベルが鳴ってしまう。

自分が怒りそうになったときに「あー、今、私の神経の警報ベル設定値が異常に低いので、警報が鳴ろうとしているけれども、このことは実際にはそれほど大騒ぎをすることではないのだよ」と理性で自分に言い聞かせるしかない。

怒ることではないのに怒り出す。ちょっとしたことをものすごいことに感じてしまう。人のすることに気持ちが過剰に反応する。

ちょっと相手が自分の意向に沿わないと激怒してしまう。お茶の出し方が悪いと言って妻を殴る夫のようなものである。

ちょっとしたことで鳴ってしまう警報器のようなものである。

破壊的なトラウマを受けた人は生物学的に二度と元に戻らないという学者もいる。(注45)

つまり脳内の化学的作用の変化が定着してしまう。ここら辺が世界で最も一般的な台詞とジョージ・ウエインバーグが言った「誰も私のことを分かってくれない」と言った台詞の原因の一つであろう。

ある人が「つらい」と言う。そしてそのつらい話をする。

すると「そんなこともう三十年も前のことでしょう、まだぐずぐず言っているの」と言われてしまう。

誰に話してもやはり「まだ悩んでいるの、もうやめなさいよ」と言われてしまう。

しかし、その三十年前の苦しみをもたらした脳内の変化は定着して変わらないのである。

それは体験した人でなければ、理解できないことである。

小さい頃に常に疑われて成長したとする。疑い深い親に育てられた子どもは、人を信じることができない。そうした大人に成長するだろう。

周囲の人は誠実な人である。疑い深い人ではない。しかし人を信じることができない。

もう昔の話であっても、そのときに起きた脳の異変は定着してしまっている。脳は今も昔と同じように機能している。

自分の力ではどうすることもできないストレスはすべての脳に同じ生物学的インパクトを与えるという。(注46)

強烈な恐怖の記憶の恐ろしさである。あるいはいつ終わるか分からないような、長引く恐怖の恐ろしさである。
長く続くストレスは五感を破壊する。人を匂いのない世界に連れて行く。
被害者にとって事件は主観的には克服しがたいものになる。(注47)
常識からいえば、「そんな問題をいつまでも引きずっているの、バカらしいわよ、何年前の話?」ということになる。しかし本人にしてみれば、昔の話ではない。今の話なのである。

心を癒すということは新しい神経回路をつくることであるから、時間がかかる。それはホルモンのバランスを変えることでもある。あるホルモンの分泌のされ方が変わるということである。

定着した化学的作用の変化をもう一度元に戻すのである。そう簡単なことではない。カテコールアミンは体内に異常事態への対応を促すと、同時に記憶を脳に焼き付ける働きをする。ベトナム復員兵はカテコールアミンの分泌を抑える受容体が四〇%も少ない（注48）。

毎日がプレッシャーで、漬け物みたいになってしまっている「いい子」はカテコールアミンの分泌を抑える受容体が少ないのであろう。

小さい頃毎日がプレッシャーの子は漬け物の石が上から置かれていたのである。そして漬け物になってしまった。

漬け物になってしまった人には「嬉しい」という感覚がない。

「太っている女はイヤだ」と言われて振られた。

次の恋人が太っていてもいいと言った。

でもその人の心の傷は癒されない。

その癒されない心の傷が、今目の前にいる人のささいな言葉に反応した。

その反応が異常だったのは、その人が今、目の前にいる人の言葉に反応したのではなく、それが導火線となって、「太っている女はイヤだ」と言われたときの屈辱感が怒りとなって爆発した。その言葉に異常に反応したのは、その言葉が昔の心の傷に塩を塗ったからである。

心が満身創痍だと、周りの人のどうでもいい言葉までが、心の傷に塩を塗る。そこであっちでもこっちでも怒りまくっていることになる。

「太っている女はイヤだ」と言われた人が昔の恋人の賞賛に執着しているように、別の人は、親の賞賛に執着している。

ホルモンの分泌のされ方が変わってしまった人は、変わった時点から成長していない。

ストレス・ホルモンが多い人、少ない人

すぐに心理的にパニックになってしまう人がいる。決して異常事態ではないのに異常事態と感じてしまう。そのように反応してしまう。

大切なのは自分の今の反応は正しくないと意識することである。自分の今の恐れは客観的なものではないと意識することである。

「そんなことをしたら大変なことになる」という恐れに襲われるときには、「自分は今の事態を恐れているのではない。小さい頃のストレス状態を再体験しているのだ」と意識することである。

問題は本当の危険に際してこのように自分を管理してしまうことである。

すごいストレスで変化した脳を持っている人は、恐怖がなくても恐怖感はある。

現実はそれほど大変ではない。今感じている恐怖を今の現実と思うからいけない。

何かあるとすぐに怒りで眠れなくなる人がいる。自分に危害を加えた人のことを考えると、もう憎しみで夜も眠れなくなる。

同じように危害を加えられた人でも、それはそれとして夜は眠れる人がいる。

おそらくストレス・ホルモンであるカテコールアミンがすぐに分泌されてしまう人と、ストレス・ホルモンが適正な時期に適正な量だけ分泌される人との違いであろう。

つまり同じ体験をしても感じることは違う。ある人は深く傷つき、別の人はほとんど何も傷つかない。

またその傷がいつまでも残る人と、すぐに消えてしまう人といる。

あることを体験して、そのことを長年にわたって恨んでいる人と、「そんなことあったっけ」となってしまう人といる。

小さい頃愛された人は、このようにすぐに怒り、いつまでも怒りが収まらず眠れなくなる人を見て、「何でそんなこといつまでも考えているの？」と不思議がる。適正なストレス・ホルモンの分泌をしている人には、その人が「なぜそんなことで夜も眠れなくなるか」が理解できない。

しかし心に深刻な傷を持つ人は、自分に危害を加えた人、あるいは危害を加える可能性のある人を考えると、それだけでストレス・ホルモンの分泌が異常になり、不安な緊張から眠れなくなる。

その眠れない原因が、危害を加えた人にあると考えると、ますますその危害を加えた人に対する憎しみが増大する。

部屋が毒ガスでいっぱい。毒ガスでいっぱいの部屋に入っていくときにはマスクをつける。

しかし若い頃ストレスにさらされた人は、毒ガスのない部屋に入るときにもマスクをつけてしまう。

先に「ベトナム復員兵はカテコールアミンの分泌を抑える受容体が四〇％も少ない」と書いた。

しかし現実にベトナムのジャングルで敵と戦っていなくても、「私のベトナム戦争」がある。

いつもストレスに苦しんで、うつ気味の人は「私はベトナム帰還兵だ」と思えばよい。そして戦場から帰った自分は少し休もうと思えばよい。

あるいは「私は心の強制収容所から出てきたのだ」と思えばよい。昔の恐怖の体験が脳から消えないのである。

恐怖はベトナム戦争と強制収容所だけではない。日常生活の中でも恐怖はある。

体を怪我して戦場から帰ってくれば本人はその自覚がある。周囲の人もそのように扱ってくれる。

しかし実は心も同じなのである。

幼児期、あるいは少年少女期に「私は心を怪我して帰ってきた」と思わなければならない。

そう思えば、傷つきやすい繊細な人は、精神的にタフな人と同じことをしようとは思わないはずである。剛腕といわれるような政治家と自分とを比較するものではない。人の過去は違う。だから人と同じ戦場には立たないことである。

同じと思うのは自分が足を怪我しているのに徒競走の選手になろうとするようなものである。

さらにただ強ければいいというものではない。

まさに論語に「勇を好めども学を好まざれば、その弊や乱なり。剛を好めども学を好まざれば、その弊や狂なり」という。

剛腕といわれると、素晴らしい政治家のようにメディアは伝えるが、ただ剛腕というだけでは弊害の方が大きいこともある。

剛腕でかつ学を好めば、まさに国を治める大政治家なのである。

〝どうでもいいこと〟に過剰反応する脳

もう一つの変化は、大脳辺縁系と下垂体をつなぐ神経回路に表れるという(注49)。

下垂体はＣＲＦというホルモンを出すところである。

ＣＲＦが分泌されすぎると反応が過激になる。ＣＲＦが多い人は一回目のサイレンにも四回目のサイレンにも同じように反応する。

ストレスを感じると脳はそれに対応する。

ストレスで副腎がコルチゾールを放出しすぎる。すると視床下部は抑制し、少なすぎるとさらに放出しようとする。

血中コルチゾール量で視床下部にフィードバックされる。うつ病者はこの分泌調整がうまくいかないで コルチゾール値が高くなりすぎている。

うつ病患者は神経内分泌の異常があるのではないかと推測される。つまり下垂体の分泌異常はそのコントロールの司令塔である視床下部の段階での異常ではないか。(注50)

河川が氾濫して洪水になった状態を考えればよい。「副腎」川が氾濫して、洪水になってコルチゾールで家が床下浸水になっている。そう考えればよい。

すぐに声を荒らげる人がいる。すぐに怒鳴る人がいる。怒鳴ることを超えてささいなことで暴力を振るう人もいる。

家庭内暴力の子どもや夫などである。それがささいなことに思えるのは冷静な人で、暴力を振るう側から見ればそれは脅威なのである。彼にとっては周囲の世界が脅威に満ちているからである。

どうでもいいことを重大に考える。それは不安だからである。

同じことをある人は「どうでもいいこと」と感じるし、別の人は「とんでもないこと」と感じる。

とにかくこのようにすぐに冷静さを失う人がいる。

冷静な人にはなんでこんなことですぐにこれほど怒るのかが理解できない。なんでこれほど憎しみの目になるのか理解できない。

深刻な劣等感のある人が過剰反応をする。

何でもない他人の一言に「お前、オレをなめたな」等と言って怒り出す。これがあまりにもひどく繰り返されるとすれば、おそらくその劣等感の深刻な人は小さい頃に心に何かひどい傷を受けているのだろう。

それによって下垂体からＣＲＦが分泌され過ぎるようになっているのかもしれない。

とにかく過激な反応をする人は満足していない人である。満足している人は過激な反応をしない。

だから自分が過激な反応をしすぎる、あるいは人の言動に過敏すぎると思った人は、「なぜ自分はそんなに不満なのか」を考えてみることである。

そしてそんなに不満になる必要があるのかないのかを反省してみることである。

泥んこを作って、他人から見て「こんなこと」というものを、親だから喜んでくれる。しかし逆に作った子どもが喜んでいると「イヤだなー、そんなレベル低いのは」と親から言われた。

それは親の憎しみからである。そういう子にとって親は他人だった。

若者でピアスをしている人がいるが、憎しみの親は子どもをピアスにしている。

そんなように育った人にとって、生きていること自体が困難な事業を達成しているようなものである。

若い頃ストレスにさらされると、後にトラウマを受けたときに脳内変化を起こしやすい。

「つまり、失恋すると大打撃を受ける」

船乗りの家に生まれた子どもが船に乗って三歳のときにシケにあった。

船に乗っていれば誰でもシケにあうのに、まわりの人から「お前がいるからシケにあった」と責められた。

その恐怖が残っているのに、二十歳でまたシケにあった。そうしたらそのときにパニックになる。皆がまた自分を責めると思う。

しかしもし三歳のときにシケにあったあとで、「うまく乗り切れた」と言って皆で乾杯をしていたら、二十歳でシケにあったときにパニックになるだろうか。ならないのではないだろうか。

すでに説明したように失敗も、痛みも、はじめからそのときの社会的枠組みのなかで意味づけされている。

人生にトラブルはつきものである。生きていればトラブルには遭う。

それなのに、雨が降ってもお前が悪い、雪が降ってもお前が悪いと責められていたら、生きることに怯えるだろう。

動物での多くの研究は、若い頃にマイルドなストレスでもストレスにさらされると、ストレスにさらされないよりもはるかに脆弱になるという。はるかに傷つきやすいという。(注51)

第3章

人間関係で人生を消耗しないために

——感情的な相手に振り回されない心の対処法

1

「心の品格」を持つ

弱い犬ほどよく吠える

私たちは、悪意のある相手から非難罵倒されれば傷つく。こちらが誠意を持ってしたことに対して逆に罵倒されれば傷つく。こちらも怒り心頭に発する。

「許せない！」と思う。ひどいことを言われれば誰でも悔しい。

しかし怒って相手を非難罵倒している人は、実は傷ついているのである。「怒っている人は傷ついている」ということを忘れてはならない。

私たちは相手の言葉に傷ついて怒る。同じように相手が怒っているときも相手は傷ついているのである。

相手が傷ついているから汚い言葉で罵声を浴びせている。そしてその罵声に私たちは傷ついている。

相手の罵声でなくても、相手の非難中傷の文章でも同じことである。相手がこちらを攻撃していることで、私たちは傷つく。

そして悔しくて煮えくりかえる。悔しくて心が動揺する。その相手の言葉で気持ちがかき乱される。

しかしその相手は、実はこちら以上に深く傷ついているのである。

相手の言葉に傷ついてもいいが、何よりも「なぜ、あの人は私のことを罵倒するのか？」と考えることである。

相手がこちらを罵倒する動機を考えてみることである。そうしたら「あー、相手は傷ついているのだ」と分かるだろう。

何で傷ついているかは分からないかもしれない。

しかし傷ついているからこそ、辺りかまわず罵声を浴びせてくるのである。

考えてみれば、その言葉でこちらの気持ちがかき乱される筋合いのものではない。相手が傷ついているから怒って、その怒りを筋違いのこちらに向けてくる。それでこちらが傷つく。

お互いに傷つけあっているようなものであるが、最初に罵倒したのが相手であるなら、最初に傷ついていたのは相手である。

こちらがその言葉で傷つくのはおかしいと思わないだろうか。

こちらに対する非難罵倒の言葉が激しいものであればあるだけ、非難罵倒している人は深く傷ついているのである。

私たちは相手の激しい非難に接すると、相手が強いと錯覚する。相手をトラと思って恐れる。そして相手の姿を見ただけで怯える。

そして一旦感情が怯えを学習してしまうと、それ以後、「相手は怖くない」と必死で自分に言い聞かせても、やはり心は怯える。

相手が激しく汚い言葉で罵声を浴びせるのは、相手がどうしていいか分からなくなっているからである。

小さな子どもが母親のことを「うるせー、ババア」と怒鳴る。それは子どもがもうどうしていいか分からなくなっているからである。

子どもが大人と喧嘩をしてどうしていいか分からないときにも、汚い言葉で罵声を浴びせる。それは子どもがどうしていいか分からないからである。

相手が怖くてしょうがないときには、ひどい言葉で怒鳴る。怖くないときには罵声を浴びせることはない。もっと落ち着いている。

野球のヤジでも、ファンが自分の応援しているチームの実力を信じていれば、ひどい言葉で罵声を浴びせない。

つまり私が言いたいのは、こちらが傷つくような言葉を相手が発したときには、相手が傷ついているということである。相手はどうしていいかもう分からなくなっているときである。

相手がすでに負けているときである。

ところが世の中には、脅しに弱いという人がいる。そういう人は、負け犬の遠吠えのような罵声に怯えて竦んでしまう。あるいははらわたが煮えくりかえるように怒る。悔しがることはないのに悔しくて、悔しくて夜も眠れなくなる。そして我慢からストレスで体をこわす。

脅しに弱い人というのは、小さい頃から脅されて生きてきた人である。脅しでしつけられてきた。脅されて勉強してきた。脅されて家の手伝いをしてきた。要するに脅されて「いい子」になってきた。

そういう「いい子」が、大人になって脅しに弱い大人になるのである。

小さい頃は権威主義の父親を恐れても仕方ないだろう。ヒステリックな母親を恐れてもいいだろう。しかし大人になってからも弱い人の脅しに怯えているのは、困ったものである。

大人になってからも弱い人の脅しに怯えている人は小さい頃からの自分の人間環境を考えてみることである。

常に自分は脅されて生きてきたということが分かるのではないだろうか。そして小さい頃は強く見えた人が、実はちっぽけな人間に見えないだろうか。

それなのにまだその人の感情の動きは昔のままである。つまり頭では怯える必要がないと分かりながらも、気持ちは怯えている。

私はこれを感情習慣病と呼んでいる。生活習慣病から思いついた言葉である。

それは小さい頃からの脅しの中で、感情が怯えを学習してしまってきているのである。脳の中に怯えの回路ができてしまっている。

人は怯えれば怯えるほど怯えやすくなる。

だからくり返し、くり返し、「自分を脅す人よりも自分のほうが強い」ということを自分に言い聞かせるしかない。

学習してしまった恐怖感を消す努力をする。

そのためにも実は傷ついているのは相手なのだということをはっきりと認識することが大切である。

「自分を守るためにキレている」と考える

怒鳴られると「自分が悪い」と感じてしまう人が多い。そして怒鳴った人が弱くても、怯えてしまう。

相手が怖いとき、相手の脅迫的な態度に傷ついたとき、相手の言葉に怯えたとき、相手の威嚇に怯えたとき、「これが自分の感情を再プログラムするチャンスだ」と捉えることである。

そもそも今までの自分の感情の動きがおかしかったのである。今が、そのおかしな感情の動きを正常に戻すチャンスなのである。

建物でも建て替えるときがある。同じように心も建て替えるときがある。感情の動きをもう一度プログラムし直すときである。

悔しくて眠れないときに、今が産みの苦しみのときと思うことである。この苦しいときは、新しい自分に脱皮するときである。

怒鳴っているほうは、怒鳴ることで自分の恐怖感を追い払おうとしているのだろう。しかし怖くて怒鳴っても、恐怖感は消えない。

相手に罵声を浴びせることで、恐怖感を無意識に追いやっても、恐怖感が消えるわけではない。無意識の領域には恐怖感はある。そしてその無意識の領域の恐怖感がその人のストレスの原因になる。

あなたに罵声を浴びせてあなたを傷つける人は、決して恐れるに値しない。

怯えている人が、勝手にその人を恐れているだけである。怯えている人のほうが変わるしかない。

怯えている人が変われば相手の弱さが見えてくる。相手の弱さが見えれば、怯えは徐々にではあるがなくなるだろう。

相手を非難罵倒する人は、単に自分を守っているだけである。

「人々に罵詈雑言を浴びせることが、最後の防衛手段でした。」(注52)

「今の怒り」に囚われるのをやめる

消えない怒りに苦しんでいるときには、どうしても今の怒りに囚われてしまう。今までの幸運や幸せにはなかなか注意がいかない。

しかしそれでも頭で今まであるいは今の幸せに気持ちを向ける努力をすることである。人から屈辱的扱いを受けた、ひどいことを言われた、人から騙された……怒りの原因はいくらでもある。そしてその怒りはなかなか消えない。

ことにチョービンゲン大学の教授であったクレッチマーの言う敏感性格の人はそうである。一旦生じた感情はなかなか消えない。

それでも忘れている今の幸運に注意を向けようとする努力をする。怒っているときには「幸運なんてない」と思うかもしれない。

しかしとにかく今自分は生きて歩けるなら、それはありがたいことである。健康のありがたみは最も人が忘れることである。

心を休ませるとは、ただじっとして何もしないというのではない。

自分の面白くない感情を分析して自分を解明することである。自分が分かってくれば、自分の周りに起きていることも納得できることが多い。

元気がないのなら「自分はなぜ元気が出ないのか？」と自分を分析してみる。

不愉快な気分とか、抑うつとか、イライラとか、怒りとか、不安とかいろいろなマイナスの感情は、自分を知るチャンスである。

「なんで自分はこんなにイライラするのか？」と自分を分析していけば、そこに自分の心が見えてくる。

「なんで自分はこんなに落ち込むのか？」と自分を分析していけば、そこに自分の心が見えてくる。

「なんで自分は、人からの批判がこれほどこたえるのか？」と自分を分析していけば、そこに自分の心が見えてくる。

「かわいそうな人」と思え

アメリカのＡＢＣニュースが一九九八年一月に「幸福の神秘」と題する特集番組を放映した。私には大変興味のある特集番組であった。もちろん何が幸せかは誰にもなかなか分からない。

「幸福の神秘」というＡＢＣニュース番組に出てきたデイビット・マイヤーズ教授の調査によると、どの年齢でも幸せ度は同じである。

若い頃のほうが体力もあり、刺激もあり幸せのようだがそうではない。

若者も高齢者も同じ種類のことで悩んでいることはないだろうが、それぞれの年齢にそれぞれの年代の困難がある。
個人個人は別にして、平均していえば誰もが、はたから見るよりも大変なことを抱えて生きているのである。

よく幸せについて書かれた本などに「自分に与えられたもので満足せよ」と書いてある。その通りである。付け加えれば実は自分に与えられたものが自分に値するものなのである。不満な人は自分に与えられたものに、不満である。それは自分がそれ以上に値すると思っているからである。

しかしたいていはそうではない。それ以上に値すると思っているのは自分の無意識を計算に入れないからである。

自分は部長に値すると思う。しかし次長にすらなれない。そんなときに会社や上司や同僚に不満になる。

自分では仕事ができると思っている。おそらく目に見える仕事の能力では、かなり仕事のできる人なのであろう。しかしその人が意識できないその人の無意識まで考慮に入れると、その人はやはり部長の器ではないということが多い。

その人の無意識に敵意があれば、人はその人に親しみを感じない。その人と一緒に仕事をしたいとは思わない。その人の部下にはなりたくない。

采配を振りたがる人がいる。しかしなかなかその集団の中で采配を振れない。

そうしたときにその人が反省すべき点は、戦略や自分の言動ではない。自分の無意識である。

皆がその人に采配を振ってもらいたくないのである。もっと簡潔に言えばその人が好きではない。中には嫌いな人も多いはずである。だから采配を振るポストが与えられないのである。

自分が不運だと思うときにはまさに自分が反省するときなのである。そして反省すればその不運なときが飛躍の準備のときになる。

つまり「与えられたもので満足しなさい」というが、与えられたものがその人に値するものであることが多いということである。

そして悩みや苦しみの場合にも同じことが言える。「なんでオレだけがこんなひどい目に遭うのだ」と思うが、どこかで自分がその原因をつくっていることが多い。

もちろんすべてがそうだなどと言っているのではない。とんだ災難に遭うということはこの人生では多い。それはあくまで常識的な意味において言っているのである。

それを表している言葉がベラン・ウルフの「悩みは昨日の出来事ではない」という言葉である。

いろいろなことを妨害されて悔しい思いをすることは多い。

しかし人に嫌がらせをしたり、妨害をする人というのは、かわいそうな人である。

嫌がらせをする人は、誰にも相手にされていなかったり、欲求不満の塊だったりする。ビジネスパーソンでいえば、いやビジネスパーソンだけではない、芸術家でもいい、スポーツ選手でもいい。

嫌がらせをするのは、本来の自分のするべきことがうまくいっていないときである。

自分の本来の仕事がうまくいっていれば、そこに情熱を注げていれば、他人に干渉はしない。他人に干渉するということは、仕事があまりうまくいかないということである。

嫌がらせをされて、不愉快な思いをしたときには、「あー、この人はかわいそうな人なんだな」と思っていて間違いない。腹を立てるほどの人物ではない。

たった一度の人生、争いに振り回されるのは時間の無駄

損をして解決することができる人は、「心の品格」のある人である。心のゆとりがある

人である。

ものごとの解決には損をして解決するという方法がある。

そのときに相手を恐れて迎合して解決するのと、自分の意志を通して、損をして解決するのとではまったく意味が違う。

「こんな人と争うことで時間を失いたくない」ということで損をして解決することがある。

それはその人の意志である。

たった一回の人生、いつまでもくだらない争いで時間をとられて不愉快な時を過ごしたくない。もっと有意義な人生を送りたいと思って、あえて損をして解決するということがある。

あるいは相手が怖いから相手の言いなりになって解決することもある。

弱い人は小さい頃から服従に慣れている。そこで戦うべきときに戦わないで解決してしまう。搾取タイプの人にやられ放題で生きてきている人がいる。

そういう人は損を受け入れてはいけない。そういう人は自分の意志で選択をして、損をしているわけではない。恐怖感から損をしている。

脅えている人は損をして解決してはいけない。そういう人は戦わなければいけない。

しかし服従になれて搾取タイプの人に言いなりになって骨までしゃぶられるのと、自分の意志で「こんな人とは関わりたくない」と思って、これは社会で生きるコストと割り切って解決する人では、損の意味が違う。

相手を恐れているのか、相手を問題にしていないのか？　その動機の違いが解決の違いをもたらす。

今日、頭に来ることがあっても、もし明日楽しみがあれば、その人は「あんな奴、どうでもいいや」という気持ちになる。

そして「あんな奴に腹を立てて血圧が上がって倒れても馬鹿らしい、あんな奴に気を奪われて人生の時を過ごすのはもったいない」という気持ちになる。

しかしもし明日もまた生活のためにイヤな仕事をしなければならないとなれば、今日許せないと思った人は、「どうでもいいや」とは思えない。

「どいつもこいつも許せない」とイライラする。そして最後には睡眠薬を飲んでも眠れなくなる。

毎日、毎日怒りから許せない人が増えていくだけの人は、自分には楽しみがないということを意識しなければならない。

怒りや憎しみから抜け出るために何をすればいいのか。

それは「希望を持て、夢を持て」である。

東京のあるスペイン料理のレストランである。スペインの女性が、そのレストランで踊りにでる順番で殺人事件があった。

もしその踊り子が、本当にスペイン舞踊が好きでたまらない、あるいは本国スペインの放送局から目をつけられていたら、そのレストランでの踊りに出演する順番はどうでもいい。怒りから人を殺すことはない。

「質のいい人・悪い人」リストで人間関係を整理しよう

しつこい怒りは人間関係からの怒りのことが多い。

そこで自分の人生を彩った質のいい人、質の悪い人という項目を作り、その分類で人を分けていく。

質のいい人のほうの欄に名前を入れる。

質の悪い人のほうの欄に名前を入れる。

そして深くつき合ったか深くつき合わなかったかという、もう一つの軸を作る。

二つの軸で四つの箱ができる。

そして「なぜ嫌いな人とつき合ったのか？」と理由を書く。

嫌いな人との関係は、今の状態では人間関係依存症であろう。嫌いでも別れられない。

嫌いな人とのつき合いが始まったのは、自分の心の葛藤を解決するためである。好きだから始まった関係ではない。

恋愛でいえば、一目惚れと同じである。なぜ一目惚れをするか。それはその人が孤独で欲求不満だからである。

そうして自分の人間関係を整理する。するとほんの少しでも心の余裕ができる。

損をして問題を解決する心のゆとりが徐々にできてくる。

そこで、質の悪い人の枠に名前を入れた人々との関係を切っていく準備をする。

そして段々と質の悪い人のグループから身を引いていく。

憎しみは伝染する。ある人は、猜疑（さいぎ）心のある話だけをする。その人とつき合っていると、自分がどんどんと猜疑心の強い人間になっていく。

悪口を言っていると、そのときには楽だけれども、悪口を言った後は不愉快になる。

熱意も人に伝染する。熱意のある人のまわりには質のいい人が集まる。人は淋しいから。

寒くなったら陽の当たる場所に人が集まるのと同じである。

昔の高校生の寮などはそこで天下国家を学んだ。

だからリーダーは希望を語ること。「こんな楽しいことがあるよ」と語ること。

そこで「気持ちいい」ということを学ぶから。

ある小さな塾の話。

先生は夕方の生徒にはオニギリを作っておいてあげる。

するとある一人の生徒は、楽しそうに目を輝かせて「おいしい、先生」と言う。それを聞いて、見て、他の生徒は「こういうことを言うことはいいことだ」ということが分かる。

その雰囲気の中でまわりの人が、腕まくりをして勉強する。「オレの字が汚い」などと投げやりの言葉を言わなくなる。

楽しいことがあるとクラスの組み合わせの中で悪口を言う生徒が変わる。熱意に染まっていく。

世俗の中で生きていくには、学校のクラスのように簡単にはいかない。

しかし本質は同じである。楽しいことを探す。

質の悪い人から離れ、質のいい人のグループに身を置く努力をする。

そうして心のゆとりができれば、怒りを収める環境が整う。

メンタルタフネス――強い心は逆境の中でつくられる

逆境なくして「たくましさ」なしである。

「メンタルタフネス」という本に、精神的たくましさは才能ではなく、学び磨くものだとある。(注53)

私もその通りだと思う。

人はそれぞれ違った資質を持って生まれてくる。しかし生まれつきたくましい人はいない。たくましい人は、逆境に鍛えられてたくましくなったのである。

才能は劣っても精神的たくましさを身につけて、メジャーリーグで長く活躍した選手は少なくないという。そして精神的たくましさとは「望み、忍耐、姿勢」のコンビネーションによって構成されていると著者は言う。(注54)

「私は、こうなりたい」という望みである。そして耐えることであり、前向きの姿勢である。この三つによってメンタルタフネスは構成されている。

望みは逆境の中で遂げられる。耐えることのできないものは何事も成しとげられない。「姿勢は天から与えられた才能ではなく、磨き伸ばすものだ」と著者は言う。

ブルックリン・ドジャースのブランチ・リッキー社長兼GMは、人種差別の激しい一九四五年八月に黒人のジャッキー・ロビンソンと入団契約を結んだ。

リッキー監督は「我々のサイドには実質的に誰もいない」と言った。オーナーもアンパイアも誰も味方はいない。もちろん多くのファンも我々に敵意を持つ。

「私たちはものすごいきつい状況に追いこまれるだろう」と言った。しかし信じることだけが勝利への道である。

リッキー監督は黒人選手ロビンソンに、報復することなく、耐えなければならないと説明をした。

そして事実ロビンソンは「ジャングルに戻れ」とまで叫ばれたが、耐えて戦った。執拗なヤジにも耐えた。

彼の心の中は怒りで煮えくりかえったが、感情を決して外には出さなかった。「彼はげんこつではなく、心で勝った」(注55)と著者は書いている。

一九四七年のシーズン彼は、耐えることで人種差別の壁を破った。

これがメンタルタフネスだと著者は言う。メンタルタフネスの目標は、成功の機会を増

すために意識的に決断をすることである。(注56)

苦しいとき、「今、自分は自分を磨いているのだ」と意識することである。悔しくて眠れない夜には、「今、自分は鍛えられているのだ」と意識することである。「偉大なことを成就するために誰もが通らなければならない道を今自分は通っているのだ」と自覚することである。

悔しいときには、アフリカ系の黒人であるロビンソンが「ジャングルに帰れ」と叫ばれても、じっと我慢をして野球をし続けたことを思い出すことである。

オーナーも、ファンも、審判も、皆が敵の中でロビンソンは戦い続けた。

悔しいことも、苦しいことも、つらいこともなく、楽しいことだけで、自分が磨かれることがあろうか？　そんなこと、誰も信じないであろう。

やはりつらさに耐えて自分を磨くからこそ、人はたくましい人を尊敬するのである。悔しさに耐えるからこそ顔が輝くのである。

磨かれていない人は、強くてもそれは野蛮(やばん)な人にしか過ぎない。

逆境の中で前向きの姿勢を維持することは大変なことである。しかし逆境の中で前向きの姿勢を維持しているときにこそ、まさにそのときに人は磨かれているのである。

ずるい人に囲まれて、被害者である自分がいつの間にか加害者に仕立て上げられ、非難罵倒される。

不当な扱いに苦しめられているとき、自分が弱い立場でひどい目に遭っているとき、誠実さを裏切られたとき、親切にしたのに騙されたとき、誰にも理解されないとき、そんなとき誰でも怒る。誰でも苦しい。

しかしそんなときに前向きの姿勢を維持することは至難の業である。でもそんなとき、その人は磨かれている。

それに対して不当に相手を苦しめたほうは磨かれていない。ますます顔は醜くなっていく。

しかし耐えている側は、暗い顔にならない限り、ますます輝いてくる。

ひねくれた自分、歪んだ自分を肯定してはたくましくなれない。歪んだ自分を肯定することは心理的に楽である。しかしいつまで経っても人生は拓けない。

ますます生きることはつらくなる。

歪んだ自分を合理化してはたくましくなれない。

大切なのは怒りのエネルギーを、生産的なエネルギーに変えることである。

2 マイナス感情をプラスのエネルギーに変える生き方

悔しさをプラスにする人、マイナスにする人

怒りを前向きのエネルギーに変えることができなければ、現実の世の中はなかなか生きていかれない。

世俗の中ではとんでもないことがまかり通る。正しい人が虐げられ、ずるい人や強欲な人が得をする。

こちらの権利が侵害されているのに、逆に悪者に仕立て上げられる。

ずるい人は巧妙だから、いつの間にか立場が逆転していることがある。被害者が加害者に仕立て上げられ、加害者が被害者を演じているということがある。

そんなときには歯ぎしりするほど悔しい。自分の中に凶暴な殺意さえ生まれることがある。

小さい頃から虐待されて生きてきたような人もそうであろう。無差別殺人の衝動が生まれるときは、こうした蓄積された憎しみの感情に囚われるときである。

長い人生では「なんで？」「まさか？」と驚くことが多い。

「まさかあの人がこんな嘘をついて自分を騙すとは信じられなかった」という体験をする。

そうして騙されることで長年の努力が一瞬にして水の泡になる。「私の人生は何だったのか？」と憎しみの呻きをあげることがある。

それでも人は耐えて生きていかなければならないことがある。

権力には勝てないと感じることがある。強力な力には勝てないと思うことがある。

ずるい人には勝てないという気持ちになることがある。悪くないのに窮地に追いこまれることがある。

しかしここで無気力になるか、前向きの人になるかが運命の分かれ道である。恨みの顔になるか、人格者の顔になるかは、この分かれ道の選択で決まる。

この憎しみのエネルギーをどこかに転嫁する。どこかに振り向ける。

いつの甲子園大会であったか忘れたが、ある新聞を読んでいたときに、次のようなことが書いてあった。ある投手である。「偏差値の低い学校のくせに」と軽蔑された。

その選手は「この悔しさを野球で返してやる」と思ったという。

大人になれば、軽蔑くらいで悔しいなどと言っていられるほど人生は甘くないというかもしれない。

しかし高校生ならまだそれで悔しいと思っても不思議ではない。

この「野球で返してやる」という態度である。憎しみのエネルギーを昇華する態度である。

三十年たってみれば、「あの憎しみのエネルギーを昇華できたから、こんな素晴らしい人生になった」と思える時がくる。

「負け犬」と軽蔑されたからこそ、今の人生があると思えるときがくる。

マイナス感情をプラスのエネルギーに変える方法

大切なことはマイナスの感情をプラスのエネルギーに変えることである。悔しさとか怒りとか憎しみとか、様々なマイナスの感情がある。

それを生産的に生きるエネルギーに変えることである。

「メンタルタフネス」という野球の本(注57)については先に触れた。

そこに次のようなことが書かれていた。

一九九九年、レッドソックスのペドロ・マルティネスはウォーミングアップ中、相手チームのファンからひどいヤジを投げつけられたが、気を散らさず、感情をエネルギーに変えてゲームを支配した。

どのようなヤジであったか知らない。しかしひどく心を傷つけるヤジだったのだろう。ヤジを飛ばした側は何も向上してはいない。しかしそれに耐えて投げ続けたペドロ・マルティネスは精神力を身につけたのである。忍耐力を身につけたのである。

批判を押さえ込むには、素晴らしいプレイに代わるものはないと「メンタルタフネス」の著者は言う。その通りである。

よく「劣等感をバネにして頑張る」ということを聞く。私は賛成ではない。しかし「悔しさをバネにして頑張る」ということは賛成である。

さらに「メンタルタフネス」の著者は「怒りをぶちまけるのは簡単だ。しかし敵意にはプロのマナーで対処しなければならず、それには勇気、鍛錬、自信が必要だ。

野球はマラソンと同じで長丁場だ。それぞれの試合やシーズンで冷静さを保つことが必要だ。敵チーム、アンパイア、ファンなど冷静さを失わせる要因も多いが、精神的にたくましさを身につければ、感情を生産的なエネルギーに変えられる」と言う。

先の本の中の話である。ショートとして活躍した選手にボルディックという人がいる。

メンタルタフネスの著者によると、彼には生まれ持った特別の才能はないという。

著者は序文の中でボルディックについて触れている。真剣に野球に取り組んでいるとは言い難かった若きマイク・ボルディックは、選手育成部長カール・キュールの叱責を受け、考えを改めた。

周囲の選手に勝る努力をし、精神を集中させるようになった。チャンスを生かし前向きに働きかけたボルディックは、その後アスレチックスで活躍する。

決して身体能力や才能に恵まれていたわけではなく、精神的なたくましさのおかげだった。

精神のたくましさこそ人生をコントロールする術だと著者はいう。

ボルディックが野球に対する態度を変えたように、大切なのは人生に立ち向かう姿勢を変えることである。

人に見せるための人生から、自分が生きるための人生にすることである。人に見せるための人生を送っている人は、まだ生きることに本気になっていない。

ボルディックが、野球に対して斜に構えていたのと同じである。

生きる姿勢を変えることで、人生は変わる。本気になっている人は自己実現をしている。

自己実現して生きるが勝ち

誰になんと言われようと、黙々と自己実現しながら生きるほうが勝ちである。

本当の勝ち組とは自己実現している人である。

言われなき誹謗(ひぼう)と中傷の盛んなのが世俗である。とんでもない誤解を受けるのが世の中である。嫌がらせをされるのが世俗である。

「こんなことまで」と思うようなことをされるのが世の中である。根拠のない悪口を言われ、嫌がらせを受けるのが世俗である。

それを「悔しい」と言っても、私たちが生きているのはこの世俗なのだからどうしようもない。誹謗と中傷がイヤなら山の中に入っていくより他に生きる道はない。後は死ぬしかない。

生きている限り嫌がらせを受ける。

黙々と自己実現して生きる。何を言われてもじっと耐えて自己実現して生きる。悔しくても腹が立っても黙々と自己実現して生きる。

卑(いや)しめられても、辱めを受けても、黙々と自己実現して生きる。

この世の中では誤解されるのが当たり前なのである。

もし誰かに理解されたらそれは奇跡と思えばいい。誤解されるのが当たり前で、人からは理解されないと思っていれば、誤解されたときに腹が立たない。悔しくはない。

「理解されたい」と思ったり、「理解されるのが当たり前」と思うから、やった努力が認められないときに悔しいのである。

「雨が上から降るように、人から誤解される」、そう思っていれば誤解されたときに、日常の出来事として忘れていく。

その人のために頑張って尽くしても、その人から陰で悪く言われる。そんなことに腹を立てていたら、いくつ体があっても足りない。悔しさで消耗して死んでしまう。

「えーっ?」と驚いて開いた口が塞(ふさ)がらないようなことがある。「まさかあの人がそんなことを言っているはずがない」と思うことがある。

信じられないことの連続が世の中で起きるということである。

誤解されなかったときには、「石が流れて葉が沈んだ」と思うようになれば、よい。そうすれば何があっても悔しさで腹が立って眠れないということも少なくなる。

「悔しい」とか何とかいう気持ちに心を支配されている限り幸せにはなれない。人に理解されようとする気持ちがある限り、世俗の中では幸せには生きられない。

これでもかこれでもかとイヤなことが起きるのが世俗である。

誤解されて悔しがっていては、寿命が縮まる。もし成功したら必ず何もかもが悪く解釈されると思ってよい。

他人から「こう思ってもらおう」という気持ちは一切捨てる。それが心の平穏を保つ秘訣である。

ねたまれて嫌がらせをされたときには、「少なくとも他人から見れば自分は幸せなんだ」と思えばいい。ありがたいことだと思えばいい。

嫌がらせをされながら、その人に「ありがとうございます」と恩を着なければ生きていかれないのが、現実の世の中である。

こちらの主張をしているだけでは相手は納得しない。

コミュニケーションは常に送り手と受け手の間で誤解が生じる。

世の中では誤解されて解雇される人もいる。「悔しい」だろう。しかし悔しくてもしょうがない。それが世俗なのだから。

それがイヤなら人間をやめるしかない。

だから黙々と自己実現して生きることなのである。ただ黙々と。心の底の怒りは、働くこと、勉強することで晴らす。

黙々と働いている人は、何度も悔しさで気を失いそうになったことがある人である。それでも頑張って生きてきている。

人に嫌がらせをしている人が幸せかというと幸せではない。

普通の人は、いや、よほど心の落ち着いた人でも「汝の敵を愛せよ」というキリストの言葉を実行できるようにはならない。それでもそうなるまで世俗で平穏に生きることはできない。

あなたを誤解する人は不幸な人

あなたを誤解する人は、不幸な人なのである。小さい頃から人を信じることができなかった人である。

小さい頃から人に不当に扱われることになれてしまっている。だから大人になってからも人を信じることができない。その人にあなたが好意で接しても、その人はあなたの好意を信じることができない。

小さい頃から敵意に囲まれて生きてくれば、「私の好意を信じなさい」と言っても無理なのである。

あなたの好意が誤解されて悔しいときに、あなたが傷ついたときに、「あー、この人は不幸な過去を背負って生きているのだ」と思うしかない。

かなりの高齢になっても「えー、この人はひどい人だな、いくら何でも失礼が過ぎる」と思うことがある。不当に自分の価値を否定されて傷つくことがある。それも相手は繰り返し、繰り返し同じように失礼な態度をとり続ける。

しかしそういうときには「この人はよほど不幸な人なのだ」と思えばよい。

誰でも傷つけられれば相手を憎む。しかしあなたを傷つける人は、不幸な過去を背負っているのである。

もちろんあなたも「私だって不幸な過去を背負っている」と思うかもしれない。

しかしそこでそう思わないで、あるいはそう思っても、怒りを抑えて黙々と自己実現して生きる。そこであなたが神に近づく。

一歩一歩神に近づいていく。それが生きるということなのである。

誰もが神ではない。生身の人間である。人を殺したいと思うことは何度もある。

人を殺したいと思ったことのない人間はおそらく人のために何も頑張ったことのない人である。

誠意が誤解されたことのない人とは、人に誠意を尽くしたことのない人である。

はじめはそうして、悔しさから人を殺したいと思う。そう思うのが、当たり前の人間である。そうした人間から、一歩一歩、「敵を愛せる人間」にまで近づいていく。

それが生きるということなのである。悔しいとき、腹の中が煮えくりかえるとき、じっと我慢をしながら、「これで一歩神に近づいた」と思えばいい。

死ぬときには、その人が神に近い人間として死ぬか、生まれたままの生身の人間のままで死ぬかは違いがハッキリとする。

高齢になってからの苦悩は桁違いである。

死ぬときに人間は、今までのすべてを精算して死んでいく。人を騙して生きてきた人の最後の苦悩は計りしれない。

心の葛藤に直面しないで自己欺瞞で生きてきた人の最後の苦悩は計りしれない。

苦しいときには、人生最後に払う苦しみを今払っていると思えばいい。

シーベリーが言うように「成功とは、果てしない忍耐で背を丸めているしゃくとり虫なのです」(注58)というように、果てしない努力を必要とする。

悔しくても、悔しくてもじっと耐えて、一歩ずつ神に近づく。

多くの人は借金を背負って生まれてきている。それを少しずつ返していく。毎日、毎日少しずつ返していく。

屈辱を受けたとき「今日も少し借金を返せた」と思えばいい。「これで死ぬときの苦しみが少し軽くなった」と思えばいい。

人は一気に立派な人間などになれない。嫌がらせをされれば「殺したい」と思うのが自然な感情である。悔しくて眠れない夜を過ごすのが当たり前である。

しかしそのような人間から一歩一歩神に近づいていく。悔しいときに「あー、これで神に近づけた」と思う。

はじめから敵の幸せを願える人などいない。敵を憎むのが人間である。

だから怒りが収まらないときには「あの人達は、死ぬときに苦しむ」と思えばいい。

そしてもしあなたのほうが正しいなら、あの人達は死ぬときに苦しむ。「あの人達は借金を増やした、私のほうは借金を返した」と思えばいい。

いきなり人を許せる人などいない。必ず怒りや憎しみを通して許しに至る。すぐに許しの感情を持つ人は偽善者であるから後でツケを払う。

ひどい言葉を問題視しないこと

どんなにひどいことを言われても、こちらがその人を問題にしていなければ、それほど傷つかない。

ひどいことを言われて傷つくのは、その人をこちらが問題にしているからである。その人にこちらから「不当な重要性」を与えているからである。

黙々として自己実現の努力をしていれば、いつかは心の傷は癒されていく。時間をかけて癒されていく。

誰でもひどいことを言われれば傷つく。憎む。ひどいことを言われて傷つかないほうがおかしい。

しかし自己実現して生きていれば少しずつ癒されていく。この憎しみの感情は乗り越え可能な感情である。

悔しいのは誰でも悔しい。はじめは「許せない」という気持ちになる。「一生憎んでやる、死んでも化けて出てやる」と思う。

しかしそれでも毎日自己実現の努力を黙々としていれば、長い時間をかけて薄皮が一枚一枚はがれていくように薄くなっていく。

私は今までの人生のうちで一番たくさんの本を書いてテレビに出ていたのは三十代である。

その三十代の前半、本当にひどいことを言われ続け、書かれ続けた。事実無根の百パーセントでっち上げの記事やテレビは日常茶飯事であった。

たとえば加藤諦三は悩んでいる若者を相手に本を書いて印税で都内に豪邸を建てたという記事が繰り返し、繰り返し何年間も書かれ続けた。

しかし私は当時自宅を持っていなかった。そんなこと、記者が取材をする必要も何もない。登記を調べれば誰でも分かる。

まったくの事実無根で、百パーセントでたらめの記事である。それが一社ではなく、次から次へと何社も記事になり、テレビで言われ続けた。

私は六十五歳まで借家住まいであった。六十五歳で初めてローンを組んで自宅を購入した。

私が所有している自宅などこの日本のどこにもなかった。しかし印税で東京都内に白亜の豪邸を建てているということになっていた。

記者が誰か一人でも、ごく簡単なことなのだから登記を調べたらでっち上げの記事は書かれなかった。しかしそれが何年も続いた。

要するに私の誹謗中傷の記事を書いた記者のうち誰一人として登記を調べていない。それで記者達は百パーセント事実無根の記事を書き続けたのである。

誰か一人でも登記を調べれば、東京都内にささやかな家すら建てていないということが分かったであろう。逆にいえば、調べたらまずいのであろう。記事が書けなくなってしまうから。

メディアは何が何でも悩める若者を騙して本を書いて都内に白亜の御殿を建てたということにしたかったのだろう。どうしても「あの男は、こんなけしからん男だ」ということに僕を仕立て上げたかったのであろう。事実とか真実は一切関係ない。

これはほんの一部で、ここに書くのも汚らわしいようなもっともっとひどい記事を書かれ続けた。

しかし私は怒りをこらえてひたすら書き続けて七十代まで生きてきた。

そうするとそうした記者に対して憎しみというようなものは感じなくなった。今はそういう記者に怒りを感じたりすることはまったくない。

記者達は欲求不満を批判精神という言葉で合理化していたのだろう。

「感情を吐き出す」より「好きなことをコツコツと」

よくイヤなことや、苦しいこと、つらいこと、悩み事などを話すと楽になるという。

苦しみは話すことで半分になるということを昔どこかで読んだ気がする。

果たしてそうだろうか？

レイオフされた技術者についての調査が、ある本[注59]に載っている。レイオフされた人の敵意がどこに向くかという質問をする。会社か？　上司か？　自分自身か？

そうして敵意の話をした後で、その話が感情のはけ口になっていたかどうかを調べる。すると怒りを話すことで怒りの感情が吐けたかというと、吐けていない。それどころか会社や上司にもっと敵対的になっている。

この場合には、話すことで感情を吐き出すということは、感情を静めることにはならない。くどくどと恨みつらみを話していると、憎しみや恨みは逆に大きくなってしまう。

憎しみを話すことよりも、生産的に生きることのほうが憎しみを忘れることになる。好きなものを見つけてそれをこつこつとしているうちに憎しみの感情は少しずつ、少しずつ消えていく。

もし生産的に生きていることができれば、死ぬほど恨んだ人のことさえいつか忘れていく。とにかく時間はかかる。

忘れたと思うと、ふっとまた思い出す。忘れていないということもある。

しかしとにかく本質的に自己実現は憎しみの忘却につながる。逆にくどくどとその人のことを話しているといつまで経ってもその人のことを忘れることができない。

先の著作の中では、そのレイオフについて議論することで怒りの感情は増していくと述べている。(注60)

一切の憎しみの感情を自分の中に押し込めても消えることはないだろう。しかしある種の怒りについてはそれを吐き出したからといって、憎しみの感情が消えることもない。

憎しみは地獄である。この地獄を抜け出すには、やはり自己実現しかないのであろう。

調査に次ぐ調査で分かったことは、憎しみをくどくどと語ることは敵対的な性格を氷結させてしまうという。(注61)

人と争わない生き方

いつも、いつも文句を言っている、いつも人と言い争っていることは、惨めになっていくことでもあるという。

いつも人と言い争っている人がいる。確かにそういう人は外側の環境が恵まれていても欲求不満の塊のような顔をしている。目がつり上がって、常にイライラしている。誰とも親しくなれない。

歩いていてもイライラしている。車を運転していてもイライラしている。不必要に車のスピードを上げる。運転が荒っぽい。

いつも怒っていたければ、いつも自分の怒りの対象について話していることであるという。[注62]

それが人との争いの恐ろしいことである。自分の心は、二十四時間その悔しい人から離れられない。寝ても覚めてもその人のことしか考えられない。

そういう人は「私はこの人のために生まれてきたのだろうか？」と考えてみることである。

レイオフをされれば誰でも悔しい。その会社に憎しみを持つ。ことに上司には憎しみを持つだろう。

レイオフされて笑っていられるような仏は例外である。人間はなかなか生きている間には仏になれない。

普通の人は怒りを覚えて、悔しくて眠れない。悔しくて食べ物ものどを通らない。

しかし次に就職した会社の仕事が楽しければいつの間にか忘れる。日々以前の会社への憎しみは和らいでいく。

ところがある日、昔一緒にレイオフされた仲間に会ったとする。そして一緒に飲んで昔の会社の話になれば、忘れていた憎しみの感情がまた心の中にわき起こってくる。

騙されたときも同じである。一生一度の家の買い物で、不動産屋に騙されたとする。悔しくて夜も眠れなかったとする。

しかしたまたま次に買った物件がよくて、満足して住んでいれば、すぐではないが、そのうちに前の不動産屋さんのことは忘れる。

ところがたまたま同じように家の契約で不動産屋さんに騙された人と一緒になって飲んだとする。

そうすればその夜は昔の憎しみの感情がよみがえってくる。

昔の上司のうわさ話を聞いて、その上司について今の友達に話したとしても、憎しみの感情はよみがえってくる。人の感情は消えたと思ってもその根は残っている。

記憶には知的記憶と感情的記憶がある。感情的記憶はそう簡単に消えるものではない。

昔の心の傷はできれば話さないほうが望ましい。先へ進むのである。今、幸せであることを心がける。そうすれば憎しみの感情の根が時とともにいつかは枯れるときが来る。

憎しみの感情の根が枯れるまで必死で生産的に生きる。難しいことではあるが、それ以外に人が生きる道はない。

それに対して依存的怒りは直接的に表現すると消える。依存的怒りとは心理的に依存している相手に対する怒りである。相手に依存しているだけにそう簡単に怒りを直接的に表現できない。

依存的怒り以外の怒りは表現すると、強化される。

それはジョージ・ウエインバーグの言う「行動は背後にある動機となった考え方を強化する」という法則である。

恋人同士の場合は感情を吐き出す効果があることは多い。[注63] しかしこれは仲間の場合には当てはまるが、上司や先生などには当てはまらないという。

この著書[注64]によると友人に対する怒りの表現はカタルシスになる。

本質的にはその友人は好きだし、依存しているからである。

友人に対する怒りは多くの場合に依存的敵意だからである。

友人に対する怒りでも依存的敵意ではないときにはカタルシスにならない。

先生に対する怒りの表現はカタルシスにならない。[注65]

先生に対する怒りは依存的怒りではないことが多いから、先生に対する怒りを話していても消えないのである。

「怒り」が「ゆるし」に変わるとき

人には自然な感情がある。侮辱されれば傷つき怒る。寛容な感情がはじめにある人はいない。

要するにはじめに寛大さがあるのではなく、許すという寛容な感情は、怒りや攻撃性など否定的な感情の置き換えである。(注66)

最初の反応は怒りであろう。それが許しに変わる。

最初の反応である怒りをごまかす人がいる。自己欺瞞で、私は人を恨むような人間ではありませんという聖人君主のような顔をする。他人にばかりでなく、自分にも聖人君子の顔をする。

殺したいほど憎んでいるのに、憎しみの感情を意識しない。憎しみの感情を無意識に追いやって聖人の仮面をかぶる。

そういう人は本質的に憎しみの人であって結局優しい人にはなれない。

つまり怒りを抑圧した人は寛大にはなれない。

重大なのは、憎しみの感情をいかにして積極的な感情に変えるかということである。自然な感情としては、人は憎み続ける。そして憎しみの行動で、憎しみの感情を強化してしまう。

憎しみの感情という非生産的な感情を、いかにして生産的な感情に変えるかということは極めて難しいことである。しかしこれは人生で極めて重要な生きる知恵である。

ある論文によると寛容な感情とは、否定的な非寛容な感情の上に並置された感情である。許しと関連した積極的感情というのは、愛とか情熱とか同情などを含む。(注67)

マイナス感情に目をそむけないことが幸せの第一歩

ある人が、人とのトラブルを体験して怒りに囚われる。その人は人を愛する能力がない、仕事に情熱を注げないとする。その人が元々非生産的構えの人であるとする。

そうしたときに、その人にいくら「許しの感情を持ちなさい」と言っても無理だということである。

寛大な人は、もともと生産的な性格の人である。

そうでない人がいきなり人間関係でひどいことをされたときに「許し」の感情を持つことはできない。

しかもその愛とか情熱とか同情などの積極的な感情を関わりのない人に持つのではなく、ひどいことをした人に持つのである。

そう簡単に寛大な人になれるものではない。通常、それは一生持ち続けるものである。

一般的には寛容な気持ちは、非寛容な気持ちが成長した後に生じるものである。しかし同時に寛容な気持ちが、非寛容な気持ちが成長をするのを防ぐ。(注68)

要するに非寛容な気持ちを抑圧してはいけないということである。

悔しい、憎らしい、殺したいというような非寛容な気持ちは、私にはありませんというような顔をしないことである。

いかに非寛容な感情のエネルギーを生産的なエネルギーに変えるかということが人生最大の知恵である。

不満なことは不満。イヤなことは、イヤ。

でも一日、自分のできることをする。

これができれば、人は幸せになれる。

「まず最初に否定的感情があることを認め、その気持ちを感じ、探究し、その感情から学ばないかぎり、真の変化は起きてこない。感情を排除するのではなく、注意深くなって、そこから学ばなければならない」(注69)

許しの感情は、許さないという感情の後に生じる。それが真の解放である。

現実から逃げなければ、「許せない」という感情は出る。

たとえば継母の子どもへの憎しみがある。

継母はそれに直面するから、苦しむ。

その後に「許し」が出る。つまり偉大な精神科医アドラーの言う「苦しみは解放と救済に通じる」ことになる。

それなのにそれに耐えられなくて苦しみを抑圧をすると、つまり無意識に追放すると、その苦しみは解放と救済に通じない。

古代ギリシャの哲学者エピクロスは、心静かな生活を手に入れるためには、過剰を避けることが必要不可欠だと考えていた。

「幸福に永遠に生きる者は、どんなことがあっても決して思い悩んだり、不安を感じたりしないし、また、人を苦しめたりいじめたりもしない」という。

ではエピクロスはこれほどいいことを言いながらも、エピクロスを読んで人々はなぜ幸福になれないのか。それを考えなければならない。

幸せになれない人は、「幸福に永遠に生きる者は、どんなことがあっても決して人を苦しめたりいじめたりしない」というエピクロスの言葉を読むと、幸せになろうとしてただ「いじめ」をしなくなる。じっとただ我慢をする。いじめたい気持ちを抑える。

しかし大切なのはいじめたくなったときに「なぜ自分はあの人をいじめたいのか」と考えることである。

そう考えることで幸せになれるのである。いじめたい気持ちを我慢すれば、ノイローゼになり人の不幸が嬉しくなるような人間になるかもしれない。

幸せになるために単にいじめをしないでいようとしても、幸せになれるものではない。

人間は神様ではない。自分の中の神様でない部分を直視しなければ幸せにはなれない。

それを直視することで自分の妬みの気持ちや、小さい頃からの憎しみや、すぐに人に気に入られようとする自分の弱さなどが分かってくるだろう。

そこから解決への第一歩が踏み出されるのである。

自分の正直な感情から目を背けていれば、言動は立派になれるかもしれないが、幸せにはなれないし、心の底ではいつも人の不幸を喜ぶような人間になってしまう。表面が立派でも心の底が卑しい人がいる。

小さなことの積み重ねが大事

人生は小さなことを積み重ねなければいけない。積み重ねて神様に返す。

どんな苦労があっても「これが自分の人生か」と受け止める。

楽しいことは、何かが「あー、そうか」と分かったときである。宝くじが当たったときではない。

大きなことをするためには毎日、恙(つつが)なく終わったことを感謝することである。

大きなこととは小さなことを積み重ねること。

気づいたら大きくなっていた、それがいい。

最初から大きなことをすることを目的にしたら、焦る。

よいことも積み重ねであるが、逆も同じである。

困ったことは解決がつくが、悩みはそう簡単に解決できない。

それは隠された感情の蓄積が悩みだからである。一つ一つの個別の体験はお互いに切り離されているわけではない。

現実に直面していない人は、毎日心の借金を積み重ねているようなものである。一つ一つの体験を心理的に解決しないままに、次の体験をする。

それで心の借金が一千万円近くになってしまった。そこでさらにある体験をする。

その人はその直近の嫌な体験で悩んでいると思っている。本人は直近の体験が悩みの原因と思っているが、そうではない。

直近の体験は一万円なのに、その人は一千万円の支払いをしなければならない。

ある人の一言で傷つく。しかしその一言で傷ついているのではない。

今まで長いこと人から批判をされると、それを認めないで生きてきた。

批判した人が間違っていると言い張った。

あるいは「あんな奴、相手にしていないよ」と虚勢を張ってきた。

現実を認めない体験も、一つ一つをとってみれば、それほど大きなことではない。しかしこの現実否認の心の姿勢がやがてその人のパーソナリティーをつくっていく。

人の批判に過剰反応するパーソナリティーが形成される。そうなると周囲の人のささいな一言で深く傷つくようになる。

幸せになるために

「怒りも、その偉大さに不釣り合いだ。なぜならこうしたものはすべて弱さの表れだから だ」というエピクロスの言葉を読むと、すぐにそうしようとしてしまう人がいる。

この言葉の実行もまたストレスの原因になってストレスがたまって人の不幸を喜ぶような人間になりかねない。

怒りは誰でもある。皆持っている。

怒りのない人が幸せな人ではなく、怒りを処理できる人が偉大な人なのである。怒りを処理できるためには自分を知らなければならない。

怒りを分析していけば自分の劣等感に突き当たるかも知れない。そこで「あー、そうか、自分はこんな深刻な劣等感があったのだ」と分かれば怒りの処理をする方法が分かってくる。

人が幸せになるためには、二つのことがバランスをとっていることである。

一つはエピクロスが言うように耐えること、もう一つはそのように耐える生き方ばかりではなく、生きる生き方を学ぶことである。

耐えることばかりを生き方として勧めると、耐えられない自分を責める結果にもなる。「こういう自分は駄目な自分」とまた悩み出す。

耐えることと同時に、生きるとは自分自身が喜びを感じることだということを忘れてはいけない。

二つのことをしないと、暗い顔になるだけである。

正直のところエピクロスの言うことは、その通りなのであるが、暗い感じを免れない。人が何と言おうと「あー、生まれてきてよかった」と思うことが生きることでもある。「あー、生まれてきてよかった」と思うことばかりを求めて生きていると、気がつかないところで人を傷つけて、最後には幸せになれない。

かといってエピクロスの教えに一方的に傾いても、「ほかにどうしようもない」からただ生きているということになる。

「嫌われることを恐れない」で人生うまくいく

私はジョージ・ウエインバーグの『自己創造の原則』(注70)という本を訳した。そこに「抑うつを撃退し、絶望の機先を制し、人生の可能性を信じ続けるように行動」する十六の方法をあげている。

その中の一つに次のようなものがある。

「強い感情、特に怒りを抑えないことです。あなたが友だちのために、何時間も買いものしたり夕食の仕度をしたりしたのに、最後の最後になってキャンセルしてきたとします。不愉快だと彼女に言ってやりましょう。「あら、いいのよ」なんて言わないことです。よくなかったではありませんか。ひどい扱いを受けてあきらめていると、そのひどい扱いが、自分に相応だと思えてきます。そして始終そんな目にあうようになってしまいます。

他人の強い感情も、抑えようとしてはいけません。二人の友だちが互いに怒鳴りあいはじめたとします。ことをおさめようとしてはいけません。

あるいは、もし誰かが友人とか、あなたのビルの管理人をののしっているのを聞いて腹がたったら、飛んで行きなさい。他人を、あなた同様、穏やかで、抑うつされた状態にしようとしてはいけません。その代わりに、あなたは強く感じること、自分の感情の赴くままに行動することを学ぶ必要があるのです。」

なぜこうなってしまうのか？

それは人の好意に頼って生きていこうとするからである。

「私はこうして生きていく」という姿勢がないからである。「私はこうして生きていく」

という姿勢があれば、当然のことながら、自分を拒否する人も出てくる。あるいは低く評価する人も出てくる。

それは仕方ない。人はそれぞれ違った価値観を持っている。

そこで嫌われるのが怖くて相手の価値観にあわせてしまう。するとどんどん自信を失っていく。

どんどんと相手の言いなりになっていく人間になってしまう。そして相手の言いなりになっているからといって、相手はこちらを高く評価するわけではない。

相手は逆に舐めるだけである。

舐められることでさらに傷つく。嫌われたくない人は神経症的自尊心が強い。つまり傷つきやすい。

傷つきやすいのに、低く評価されてしまう。

好かれようとして、逆に低く評価される結果になる。

「この人に低く評価されてもいい」「この人に嫌われてもいい」、そうハッキリと思えれば自分の意志を相手に伝えられる。

相手に意志を伝えられないでいるうちにいつの間にか意志そのものがなくなってしまう。

エピローグ

怒りは、さまざまな心の問題に〝変装〟してあらわれる

ここまで怒りの原因を中心にして書いてきたが、その発生した怒りがどう処理されていくのかについて最後に触れておきたい。

怒りは直接的に表現される場合もあるし、間接的に表現される場合もある。

直接的に表現される場合には、怒りが間違って解釈されることはない。しかし間接的に表現される場合には、それが怒りと解釈されないことがある。

この怒りの変装について考えたい。

怒りや憎しみは、いろいろな形で表現されてくる。

なんの理由もなく「それはもう古い」などと人を非難する。不安な人の怒りはよく変装して表れる。

不安と憎しみは相関している。

人間はいろいろな言動をするが、その背後の隠された怒りがあることが多い。いろいろな人が人間を動かしている感情についていろいろと述べているが、怒りもその重要な一つであろう。

人はいろいろな動機で行動するが、その奥にあるものが「隠された敵意」であることが多い。

その行動の動機が本質的には隠された敵意であるというものをいくつか考えてみたい。

憂鬱も、明るさも、真面目も、すべて自分の内面から出たものではない人がいる。

表面的に見ると、明るさは怒りの反対のように見えるが、明るさの裏に敵意がある場合がある。

だからこそ気分の変動が激しい人がいるのである。

明るい人が急に怒ることもあるし、明るい顔が急に憂鬱な顔になることもある。

憂鬱も明るさも真面目さもすべて裏に怒りが隠されていることがある。

自殺した子どもについて「なぜ、あの明るい子が？」と新聞は書くが、自殺するほど憎しみを持っているから明るく振る舞ったのである。

フロムは『自由からの逃走』の中である人の夢を解説し[注71]、次のように述べている。

「彼の陽気さは彼の不安と怒りを隠すための手段である」

陽気さは時にその人の怒りと不安を覆い隠すための単なる仮面でしかない。

そういう人は、人に気に入ってもらうために怒りを抑えて「明るく」見せている。人に賞賛してもらうために「明るく」見せている。人に注目してもらうために「明るく」見せている。

そこで期待した賞賛が得られれば嬉しいが、期待した注目が得られなければさらに怒る。それが表現できなくてさらに憂鬱になる。

相手の言動に自分の気持ちが左右される人は悪循環に陥る。

①憎しみを隠すために陽気に振る舞う

先に書いたように、新聞は子どもが自殺したときに「なぜ、あの明るい子が？」という大きな見出しをつける。

それはその子の本当の性格からの明るさではなく、防衛的性格としての明るさである。どんなに明るく振る舞っていても動機は、不安、淋しさである。愛を求めている。受け入れられたいから必死なのである。

気に入られたいから明るく振る舞う。

同時に自分を愛してくれない周囲の人への憎しみがある。

明るさの陰に隠された憎しみがある。

気持ちが落ち込んでいるときに無理をして明るく振る舞う。

落ち込んでいるときに落ち込んだ顔をできれば救われる。元気な顔をするからつらい。

行動からの視点と、動機から見た視点で人間は違って見える。

人は時に憎しみを隠すために陽気に振る舞う。

ある人は甲高い笑い声で笑う。気味の悪い笑い。

カンにさわる声で笑う。実は心に憎しみがある。本人は自分の憎しみに気がついていない。

今の自分の心の現状を見て見ぬ振りをしているからカンにさわる声で笑う。

いかにも楽しそうに笑っているが、よく観察すれば楽しそうではない。オーバーに不自然に笑う。心の底に不安や嫌悪を隠している。(注72)

「あいつは、酒を飲まなくてもいつも陽気な人だ」などと言われている人の中に、こういう人がいる。

パーティーでは陽気に振る舞うことが期待されている。そして期待されているように振る舞う。

そうすれば心の底の憎しみには多くの人は気がつかない。

そうすれば、孤立することはない。

自分の敵意を隠すためには陽気に振る舞うのが賢明である。

②怒りや憎しみは愛の仮面をかぶって登場する

子どもを虐待する母親に対して時に子どもは何と言うか。

子どもは「お母さん大好き」と言う。

その意味は「お母さん、大嫌い」である。

なぜ子どもはそう言うのか。それは自分の母親は、良い母親であってほしいという願望の外化である。

怒りもまた「いい子」に変装する。それがフロムの言う服従と敵意は同じコインの表と裏という意味である。

③「『べき』の暴君」も憎しみの変装した姿である

カレン・ホルナイが「『べき』の暴君」ということを言っている。

この「『べき』の暴君」に支配されて、生きるエネルギーを失っている人の心は奴隷である。

隠された敵意が土台になって単なる「べき」が『べき』の暴君」になる。

こういう人は「べき」という当為を唱えることで憎しみを晴らしている。当為にこだわるのは生きるエネルギーがなくなっているときである。生きていることが楽しくないときである。

「あるべき」存在ではない「実際の自分」は親の期待を裏切っているという感覚である。

裏切りの感覚があるから「べき」という当為に固執する。

④憎しみは、相手に対して非現実的なほど高い期待に変装する

子どもへの非現実的なほど高い期待は、親の憎しみの間接的表現である。

たとえば親が子どもの現実を無視して非現実的な期待をかける。相手に途方もない期待をかけるのは相手の現実を無視しているからである。

親の怒りは、子どもに対するこの途方もない期待となって表れてくる。(注73)

四歳の子に平仮名を教えて折檻するような親が時々新聞を賑わす。

相手の限界(=limitations)に腹を立てる。相手の限界を無視するのは基本的な怒りの

表現である。（注74）

なぜそうなるか。

自分の期待通りにならない子どもは、自分を愛していないように親は感じる。親は自分が拒絶されたように感じて怒る。

自分の「こうあってほしい」という願望は必ず実現されなければならない。そうした期待通りにならない息子は許せない。

無理をして「理想の自分」を演じていることに固執している人は、憎しみがある。

「理想の自分」を演じても、期待した通りに周囲の人は動かない。期待した通りにほめてくれないし、期待した通りに感謝をしてくれない。

なぜか？

それは周囲の人が、その人の無意識にある怒りに反応しているからである。

⑤肉体的に表れる

怒りや適意を抑えると、疲労や片頭痛や胃の不調など心身の反応が表れる。

嘔吐、便秘、片頭痛、むかつき等々は体を使った怒りの表現である。

それほど仕事をしているわけでもなく、過激な運動をしているわけでもないのに、いつも疲れている人がいる。そういう人は怒りを抑えているのだろう。

あるいは何かを逃れるために病気になる人がいる。つらい仕事をしたくなくて体の調子がおかしくなるような人である。つらい仕事から逃げるために病気になる。

新型うつ病といわれる疑似うつ病もそうであろう。親への怒りを抑えているかどうかは別にして、怒りを意識できない弱さがある。

本当にうつ病ではないが、うつ病という名前の病気に逃げる。新型うつ病といわれる疑似うつ病に逃げている限り怒りを意識しないですむ。

子どもでも用事を頼まれると急に頭が痛くなる子がいる。ウソではなく本当に頭が痛くなる。

⑥愛情欲求になって表れる

パーソナリティーに怒りのある人は、自由に直接的に表現されても、表現の仕方に特徴がある。

そのときに怒りに正当性がなければないほど、怒りは誇張される。

たとえばささいなことで「こんなにひどい目に遭った」と騒ぐ。たいして被害に遭っていないのに被害が強調される。

自分の被害を誇示する場合には、もう一つ意味がある。いかにもひどい目に遭っているように見せかけて相手の愛や同情を期待する場合である。自分を被害者にすることで相手から愛を求めている。自分がいかに苦しいかを訴えるのは「もっと愛して」と訴えているのである。

「私はこんなにつらい」は「私にもっと注意を払ってくれ」という意味である。それは愛情欲求である。

被害の強調は神経症的愛情欲求の特徴の一つである。

⑦正義の仮面をかぶって登場する

「はじめに」にも書いたように、自分は愛と正義の怒りだと思っていても、そこに隠された復讐性がある場合もある。

正義を唱えることで、日頃の怒りを吐き出している人がいる。よく「正義は怖い」という人がいるが、おかしな表現ではあるが、その通りである。

正義を盾にして怒りを吐き出している人は、それに気がついていない。

以上のようにいろいろな形で怒りは間接的に表現されてくる。

そして問題はこうした場合、本人は自分の怒りに気がついていない。

子どもにとてつもない期待をかける親は、子どものためと思っている。合理化である。

しかし隠された真の動機は怒りである。

生身の人間なのだから敵意や怒りを感じてもいい。意識された怒りは隠された怒りよりはるかに被害は少ない。

アメリカの著名な精神科医フロイデン・バーガーの書いた「燃え尽き症候群」という本にポール副社長という燃え尽きた人の例が出ている。

彼は音楽が好きだった。しかし彼の父親は音楽などホモのやること、軟弱な青年のやることという価値感を持っている。

ポール少年はバイオリンが好きであったがそれを抑圧する。バイオリンが好きでは大切な父親に愛されない。

父親に愛されるためにバイオリンが好きではないと思い込む。そして「勉強して立派な人間になるんだ」という父の教えに従う。

この結果、父親に対する敵意が生じる。

ポール少年は淋しさから怒りを意識したくない。孤独になりたくない。独りぼっちになりたくない。ポール少年はなによりも孤独が怖い。

そしてものすごく頑張る。やがて燃え尽きる。

問題はポールがこのときに「悔しい」と思えなかったことである。

「悔しい」と意識できなかったことである。怒りを意識できなかったことである。

肉体的にいえば、木に登って恐くて仕方ない。それなのに人から「もっと登れ」と言われて登るようなものである。

肉体的に恐怖の極限状態になって神経が機能しなくなって木から落ちる。

心理的にも同じである。うつ病になったときというのは、肉体的にいえば木から落ちたときなのである。

つまりそれは「死ね」と言っていたのと同じなのである。

ポールの父親はバイオリンの好きな女にふられてバイオリンが嫌いになったかもしれない。

ポールは何をしても好きではなくなる。本当にしたいことを「したくない」と無理に思う。つまり抑圧すると、本当にしたいことが分からなくなる。

恋人が一杯飲み屋で好きな塩辛を食べていた。

そして「ねー、食べない？」と男の恋人にすすめた。

すると驚きと軽蔑の顔をして「君、どういう生活しているの？」と男は言った。品がないと思ったのである。

そこで女は自分に自信を失った。それ以後何を食べてもおいしくない。

まったく自分に正直になることとは、人間のなし得るまさに最善の労作であるとはフロイドの言葉である。(注75) 怒りや敵意は自然な感情である。我々は生身の人間として生きているのだから、怒りを感じてもよい。

大切なのは怒りを賢く処理することである。

おわりに

よく「過去のことを考えてもどうしようもない。やめましょう」と言う人がいる。

しかし過去をどんなに考えても考え過ぎるということはない。

過去をこれでもかこれでもかと納得するまで考えて、自分を正しく分析することが第一である。

そうして今の自分を正しく理解する。過去の自分を理解することは今の自分の位置を正しく理解することでもある。

自分の今の位置が見えてくれば「自分は小さい頃から怒りを溜め込みながら生きてきた」ということを自覚できるようになる。つまり今回のこのことがなくても、元々怒っていたということである。そのことを理解することが重要である。

そうして今日から新しい人生を生き始めようと決断できる。

何か不愉快になったら、「あー、これは古い人生のガラクタだ、捨て忘れた残りのガラクタだ」と思えばよい。

これを機に新しい人生の感じ方を学ぼうと思えばよい。

「人生の引っ越しをするときに、捨ててくるべきものを間違って持ってきてしまった」と思えばよい。

「『どこに行こうとしているのか？』と自問する前に、『自分はどこにいるのか？』を聞くことをお勧めする。(注76)」

今の自分を正しく理解できて、そこでこれから自分は何をするべきかということが見えてくる。

つまり自分の努力の方向性が理解できる。

そして正しい方向に向かって努力するからこそ、幸せが手に入る。

過去は将来の自分の幸せを得るための宝庫である。

そして同時に相手の過去を理解することは、今の相手を理解する手段でもある。

相手の過去を正しく理解することなく、今の相手を正しく理解することはあり得ない。

「人の振り見て我が振り直せ」とはよく言ったものである。

すぐに怒ってしまう人、そしていつまでも怒りの収まらない人を見て、その人の怒りを理解することは、自分を理解することにも通じる。

理想の環境で育った人はいない。誰でも情緒的に未成熟なところを持っている。

その人を見て、自分の未成熟なところを理解するのである。

最後になったがこの本も今までの本同様、二〇〇〇年以来お世話になっている野島純子さんにお世話になった。

加藤諦三

藤諦三 訳，プライアント・アニマル，三笠書房，123頁
53 Karl Kuehl, Mental Toughness A Champion's State of Mind, Ivan R. Dee, 2005, p.3
54 前掲書，p.6
55 前掲書，p.5
56 前掲書，p.6
57 Karl Kuehl, Mental Toughness A Champion's State of Mind, Ivan R. Dee, 2005
58 David Seabury, How to Worry Successfully, Blue Ribbon Books: New York, 1936, 加藤諦三訳，問題は解決できる，三笠書房，150頁
59 Carol Tavris, Anger, Simon & Schuster, Inc.,New York, 1982 pp.132-133
60 前掲書，p.133
61 前掲書，p.134
62 前掲書，p.135
63 前掲書，p.124
64 前掲書，p.124
65 前掲書，pp.123-124
66 Jack W. Berry and Everett L. Worthington, Jr., Virginia Commonwealth University, Lynn E. O'Connor, The Wright Institute, Les Parrott III, Seattle Pacific University, Nathaniel G. Wade, Virginia Commonwealth University, Forgivingness, Vengeful Rumination, and Affective Traits, Journal of Personality 73:1, February 2005, Blackwell Publishing 2004, p.183
67 前掲書，p.186
68 前掲書，p.186
69 Dan Kiley, Peter Pan Grows Up，加藤諦三 訳，ピーター・パン・コンプレックス，扶桑社，170頁
70 George Weinberg, Self Creation, St. Martin'Press Co., New York, 1978, 加藤諦三訳，三笠書房
71 Erich Fromm, Escape from Freedom, Avon,1965, 日高六郎訳，自由からの逃走，創元新社，217頁
72 Erich Fromm, Escape from Freedom, Avon,1965, p.22
73 Manes Sperber, Masks of Loneliness, Macmillan Publishing Co., Inc., 1974, p.179 Masks of Loneliness was originally published under the German title, Alfred Adler oder das Elend der Psychologie, Copyright c 1970 by Manes Spender. p.182.
74 Karen Horney, The Neurotic Personality of Our Time, W.W.NORTON & COMPANY, 1937, p.95
75 Abraham H. Maslow, Toward A Psychology of Being, D.Van Nastrnd Co. Inc., 1962, p.71, 完全なる人間，上田吉一 訳，誠信書房，1964年，91頁
76 Dan Kiley, Peter Pan Grows Up，加藤諦三 訳，ピーター・パン・コンプレックス，扶桑社，50頁

1989.
26 Terry Cole-Whittaker, What You Think of Me Is None of My Business, Oak Tree Publishers, California,1977, p193
27 Karen Horney, The Neurotic Personality of Our Time, W.W.NORTON & COMPANY, 1964, p.58
28 前掲書, p.60
29 EQ, Daniel Goleman, Emotional Intelligence, Bantam Books, 1995, p203, 土屋京子 訳, EQ, 講談社
30 前掲書, p.203
31 前掲書, p.201
32 Dan Kiley, Peter Pan Grows Up, 加藤諦三 訳, ピーター・パン・コンプレックス, 扶桑社, 137頁
33 John Bowlby, Separation, Volume2, Basicbooks, A Subsidiary of Perseus Books, L.L.C.,1973, p.278, 母子関係の理論2 分離不安 , 黒田実郎, 岡田洋子, 吉田恒子 訳, 岩崎学術出版社, 273頁
34 Dan Kiley, Peter Pan Grows Up , 加藤諦三 訳, ピーター・パン・コンプレックス, 扶桑社, 158頁
35 John Bowlby, Separation, Volume2, Basicbooks, A Subsidiary of Perseus Books, L.L.C.,1973, p.278, 母子関係の理論2 分離不安 , 黒田実郎, 岡田洋子, 吉田恒子 訳, 岩崎学術出版社, 274頁
36 前掲書, 277頁
37 前掲書, pp.249-250
38 前掲書, 278頁
39 Daniel Goleman and Joel Gurin, What is Mind and Body:Stress,Emotions, and Health, Mind /Body Medicine,/edited by Daniel Goleman, Ph.D., and joel Gurin. Consumer Union, 1993.
40 Redford B. Williams, Hostility and the Heart, Mind/Body Medicine,/edited by Daniel Goleman, Ph.D., and Joel Gurin. Consumer Union, 1993
41 John Bowlby, Separation, Volume2, Basicbooks, A Subsidiary of Perseus Books, L.L.C.,1973, p.249, 母子関係の理論2 分離不安 , 黒田実郎, 岡田洋子, 吉田恒子 訳, 岩崎学術出版社, 277頁
42 Karen Horney, The Neurotic Personality of Our Time, W.W.NORTON & COMPANY, 1964, p.69
43 Karen Horney, Our Inner Conflict, W.W.NORTON & COMPANY, 1945, p.116
44 Rollo May, Love and Will, Dell Publishing Co., INC., 1969. 小野泰博訳, 愛と意志, 誠心書房, 416頁
45 EQ, Daniel Goleman, Emotional Intelligence, Bantam Books, 1995, p.204
46 前掲書, p.204
47 前掲書, p.204
48 前掲書, p.205
49 前掲書, p.205
50 Nancy C. Andreasen, the Broken Brain, 1984, Harper ' Row Publishers, Inc., 故障した脳, 紀伊國屋書店, 249頁
51 EQ, Daniel Goleman, Emotional Intelligence, Bantam Books, 1995, p.206
52 George Weinberg, The Pliant Animal, 1981 St.Martins Press Inc., New York, 加

《注》

1 Rollo May, Love and Will, Dell Publishing Co., INC., 1969. 小野 泰博 訳, 愛と意志, 誠心書房, 184頁

2 Karen Horney, Neurosis and Human Growth, W.W.NORTON & COMPANY, 1950, P.59

3 Abraham H. Maslow, Toward A Psychology Of Being, D.Van Nastrnd Co. Inc., 1962, p.38, 完全なる人間, 上田吉一 訳, 誠信書房, 1964年, 68頁

4 Karen Horney, Neurosis and Human Growth, W.W.NORTON & COMPANY, 1950, p.43
She felt entitled to have all her needs fulfilled.

5 前掲書, p.48
My own needs should have absolute priority.

6 前掲書, p.43
She felt entitled to have all her needs fulfilled.

7 前掲書, p.43

8 Carol Tavris, Anger, Simon & Schuster, Inc.,New York, p.45

9 前掲書, p.23

10 Kenneth Pelletier, Ph.D., Between Mind and Body : Stress, Emotions, And Health., Mind/Body Medicine,/edited by Daniel Goleman, Ph.D., and Joel Gurin. Consumer Union, 1993, p.19

11 Karen Horney, Neurosis and Human Growth, W.W.NORTON & COMPANY, 1950, p.43

12 W.Beran Wolfe, How to Be Happy Tough Human, 周郷 博 訳, どうしたら幸福になれるか, 上, 岩波書店, 1960年, 158頁

13 Karen Horney, Neurosis and Human Growth, W.W.NORTON & COMPANY, 1950, p.43

14 前掲書, p.60

15 前掲書, p.60

16 W.Beran Wolfe, How to Be Happy Tough Human, 周郷 博 訳, どうしたら幸福になれるか, 下, 岩波書店, 1960年. 96頁

17 Karen Horney, Neurosis and Human Growth, W.W.NORTON & COMPANY, 1950, p.42

18 George Weinberg, The Pliant Animal, 1981 St.Martins Press Inc., New York, 加藤諦三 訳, プライアント・アニマル, 三笠書房, 1981/11/10, 110頁

19 Karen Horney, Neurosis and Human Growth, W.W.NORTON & COMPANY, 1950, p.41

20 W.Beran Wolfe, How to Be Happy Tough Human, 周郷 博 訳, どうしたら幸福になれるか, 下, 岩波書店, 1960年. 44頁

21 前掲書, 178頁

22 前掲書, 55頁

23 Karen Horney, Neurosis and Human Growth, W.W.NORTON & COMPANY, 1950, p.42

24 前掲書, p.59

25 Stephen R. Covey, The 7 Habits of Highly Effective People, Simon & Schuster,

青春新書
INTELLIGENCE

こころ涌き立つ「知」の冒険

いまを生きる

〝青春新書〟は昭和三一年に──若い日に常にあなたの心の友として、その糧となり実になる多様な知恵が、生きる指標として勇気と力になり、すぐに役立つ──をモットーに創刊された。

そして昭和三八年、新しい時代の気運の中で、新書〝プレイブックス〟にその役目のバトンを渡した。「人生を自由自在に活動(プレイ)する」のキャッチコピーのもと──すべてのうっ積を吹きとばし、自由闊達な活動力を培養し、勇気と自信を生み出す最も楽しいシリーズ──となった。

いまや、私たちはバブル経済崩壊後の混沌とした価値観のただ中にいる。その価値観は常に未曾有の変貌を見せ、社会は少子高齢化し、地球規模の環境問題等は解決の兆しを見せない。私たちはあらゆる不安と懐疑に対峙している。

本シリーズ〝青春新書インテリジェンス〟はまさに、この時代の欲求によってプレイブックスから分化・刊行された。それは即ち、「心の中に自らの青春の輝きを失わない旺盛な知力、活力への欲求」に他ならない。応えるべきキャッチコピーは「こころ涌き立つ〝知〟の冒険」である。

予測のつかない時代にあって、一人ひとりの足元を照らし出すシリーズでありたいと願う。青春出版社は本年創業五〇周年を迎えた。これはひとえに長年に亘る多くの読者の熱いご支持の賜物である。社員一同深く感謝し、より一層世の中に希望と勇気の明るい光を放つ書籍を出版すべく、鋭意志すものである。

平成一七年　　　　刊行者　小澤源太郎

著者紹介

加藤諦三〈かとう たいぞう〉

1938年、東京生まれ。東京大学教養学部教養学科を卒業、同大学大学院社会学研究科修士課程修了。現在、早稲田大学名誉教授、ハーバード大学ライシャワー研究所客員研究員、日本精神衛生学会顧問(元理事)。ニッポン放送系ラジオ番組「テレフォン人生相談」のレギュラーパーソナリティを約半世紀つとめている。ベストセラー『自分に気づく心理学』『心の休ませ方』(以上、PHP研究所)ほか、『働き方が自分の生き方を決める』『「めんどくさい人」の心理』(以上、小社刊)など、心理的側面からよりよい生き方のヒントを与える著書多数。

http://www.katotaizo.com/

怒(おこ)ることで優位(ゆうい)に立(た)ちたがる人(ひと)　青春新書 INTELLIGENCE

2018年4月15日　第1刷

著者　加藤諦三(かとうたいぞう)

発行者　小澤源太郎

責任編集　株式会社プライム涌光

電話　編集部　03(3203)2850

発行所　東京都新宿区若松町12番1号 〒162-0056　株式会社青春出版社

電話　営業部　03(3207)1916　振替番号　00190-7-98602

印刷・中央精版印刷　製本・ナショナル製本

ISBN978-4-413-04539-1

こころ涌き立つ「知」の冒険！

青春新書
INTELLIGENCE

「炭水化物」を抜くと腸はダメになる	松生恒夫	PI·458
図説 王朝生活が見えてくる！枕草子	川村裕子［監修］	PI·459
撤退戦の研究 繰り返されてきた失敗の本質とは	半藤一利 江坂彰	PI·460
図説「合戦図屏風」で読み解く！戦国合戦の謎	小和田哲男［監修］	PI·461
ドイツ人はなぜ、1年に150日休んでも仕事が回るのか	熊谷徹	PI·462
「正論バカ」が職場をダメにする	榎本博明	PI·463
墓じまい・墓じたくの作法	一条真也	PI·464
野村の真髄「本当の才能」の引き出し方	野村克也	PI·465
城と宮殿でたどる！名門家の悲劇の顛末	祝田秀全［監修］	PI·466
お金に強くなる生き方	佐藤優	PI·467
「上司」という病 上に立つと「見えなくなる」もの	片田珠美	PI·468
バカに見える人の習慣 知性を疑われる60のこと	樋口裕一	PI·469
上司失格！「結果を出す」のと「部下育成」は別のもの	本田有明	PI·470
一瞬で体が柔らかくなる動的ストレッチ	矢部亨	PI·471
図説 読み出したらとまらない！ヒトと生物の進化の話	上田恵介［監修］	PI·472
人間関係の99％はことばで変わる！	堀田秀吾	PI·473
図説 どこから読んでも想いがつのる！恋の百人一首	吉海直人［監修］	PI·474
入試現代文で身につく論理力 頭のいい人の考え方	出口汪	PI·475
危機を突破するリーダーの器(うつわ)	童門冬二	PI·476
普通のサラリーマンでも資産を増やせる「出直り株」投資法	川口一晃	PI·477
2週間で体が変わるグルテンフリー健康法	溝口徹	PI·478
一流は、なぜシンプルな英単語で話すのか	柴田真一	PI·479
話がつまらないのは「哲学」が足りないからだ	小川仁志	PI·480
何を捨て何を残すかで人生は決まる	本田直之	PI·481

お願い ページわりの関係からここでは一部の既刊本しか掲載してありません。折り込みの出版案内もご参考にご覧ください。